英語教科書は〈戦争〉をどう教えてきたか

江利川春雄
著

研究社

はじめに

　地球上のさまざまな民族同士が、戦争をすることなく、平和的に共存し合う関係を築くこと。これが、外国語教育の究極の目的である。そのためには、言語の壁を越えて意思疎通を図り、異なる言語と文化を尊重し、相互に理解し合う必要がある。

　そうした理想に向かうためには、理想を阻むものを取り除かなければならない。そのために必要不可欠な課題のひとつが、過去の「戦争と外国語教育」の関係を明らかにすることである。その基礎作業として、次の3点を解明する必要がある。

(1) 学校教育において、英語などの外国語教育が若者をどう戦争に駆りたてたか。
(2) 外国語教育関係者が、戦争と外国語教育との関わりについてどのような言動を行ったか。
(3) 陸海軍で外国語がどう教えられ、敵を攻略するための戦いの武器として利用されたか。

このうち、(2)については、太平洋戦争期に限ってではあるが、川澄哲夫が『資料日本英学史2　英語教育論争史』(大修館書店、1978)において、英語教育関係者などの発言を詳細に収録している。また英文学者の言動については、宮崎芳三が『太平洋戦争と英文学者』(研究社出版、1999)で見事に検証している。(3)については、筆者が本書の姉妹編である『英語と日本軍』(仮題)を刊行予定である。

　そこで本書は(1)に焦点を絞り、日本の小学校や中等学校などの外国語教育(ほとんどは英語教育)において、〈戦争〉をどう教えてきたのかを明らかにすることを目的とした。

その際に、本書では〈戦争〉を広義の意味でとらえ、敵国と戦闘状態にある狭義の戦争に限定せず、戦争に至るまでの過程をも対象とした。若者を戦場に動員するためには、学校教育を通じて、民族的・人種的偏見、天皇や軍人への崇拝、軍隊や軍事技術への憧れ、対外領土への欲望、愛国心と国家に殉ずる精神などを刷り込む必要があるからである。そのため、本書では括弧付きの〈戦争〉と表記することで広義の意味であることを示し、以下の諸要素を含めた。

1. 戦闘、軍隊、軍人、兵器、植民地、戦争の社会的影響など
2. 戦争を誘発する民族的・人種的な差別や偏見など
3. 戦争に関係するシンボルとしての天皇、日の丸などの国旗、教育勅語、靖国神社など
4. 対極にある平和、民主主義、国際協調、民族解放など

　考察に際しては、できるだけ主観を排し、事実に徹した記述を心がけた。そのため、実際に使われた英語教科書、とりわけ文部省の検定済および国定の英語教科書を主な対象に、それらの教材内容を分析することで、実態を明らかにすることに主眼を置いた。戦前の教育においては、教科書「で」ではなく、教科書「を」教えることが学校教育の中心であり、教科書の中のトピック（題材）こそが、いかなる人間を育てようとしていたのかを雄弁に語りかけるからである。

　平成の現在、学校教育では英語の運用能力の指導ばかりが強調されている。しかし、教科書の題材論に目を向けるならば、英語教育を通じて子どもたちをいかなる人間に育てるのか、という大問題を考えざるを得なくなる。

　ただし、戦前の教科書史的な研究には大きな困難が立ちふさがっている。生徒たちが手にした英語教科書（供給本）を包括的に所蔵

はじめに

している機関が存在しないからである。

　そうした事情から、筆者は約30年をかけて、生徒たちが実際に使用した「供給本」などの教科書類を数千冊収集してきた。本書では、そうした供給本の教材を優先的に採用し、それ以外の教科書は補足的に利用するにとどめた（序章参照）。

　執筆に際しては、事実をして語らしめるために、各時代の教科書の本文や挿絵を忠実に再現した。それらを実際に読み解くことで、当時の子どもたちと学びの体験を共有し、教材の内容がいかなる精神的な効果をもたらすかを味わっていただきたい。掲載した英文は各テーマの代表的なもので、なるべく難易度の異なるものを厳選した。すべて教科書に収録されたままの原文であるため、今日の視点から見れば差別的な表現や古い語法も散見されるが、資料的な価値を尊重してご容赦いただきたい。

　教材を読み解く上での補助として、英文のあとに参考訳（大要を含む）を付けた。しかし、あくまで参考であり、まずは英文をお読みいただければ幸いである。このことは、学びの追体験に加えて、当時の英語教育の水準を知る上でも欠かせない。たとえば旧制中学の3年生は現在の中学3年生と同じ学齢であるが、英語の水準は現在の検定教科書とは比較にならないほど高度であることに気づかれるだろう。そうした事情を知る上で必要な戦前の学校制度や外国語教科書の発行状況などについては、序章をお読みいただければ幸いである。

　なお、戦前にも今日の学習指導要領にあたる「教授要目」などが存在したが、題材内容までは指定しなかった。そのため、〈戦争〉教材をまったく含まない英語教科書も存在した。つまり、ほとんどの〈戦争〉教材は、軍や政府からの命令で盛り込まれたのではなく、著者や出版社が自分たちの意思で盛り込んだのである。もっと言えば、民間発行の検定教科書は市場原理が働く「商品」だから、

〈戦争〉教材を盛り込んだ方が売れるとの判断が働いたのである。つまり、〈戦争〉教材の背後には、〈戦争〉教材を求める「民意」があった。最大の問題は、まさにこの点にある。

　そのため、それぞれの教材に接する際には、想像力を働かせ、ぜひ各教材が掲載された時代状況の中に身を置いたつもりで読み解いていただきたい。戦後民主主義の地平に立って戦前の〈戦争〉教材を批判することは簡単であろう。しかし、それぞれの教材はどのような社会的・歴史的な状況の中で執筆され、使用されたのか。なぜ、〈戦争〉教材が盛り込まれたのか。他の選択肢はなかったのか。批判は許されたのか。などについて、自らを各時代にタイムスリップさせて考え、「当時の教師・生徒だったら、自分に何ができたか」という発想で読むことをお勧めしたい。同じ過ちを繰り返さないためには、自分を安全圏に置いてはならない。

　2015(平成27)年は敗戦から70年目にあたる。明治初期に誕生した陸海軍は1945(昭和20)年の敗戦とともに約70年で終焉したから、戦後の70年は近代日本のちょうど後半部分となる。戦争に明けくれた戦前の70年とは反対に、戦後の70年は幸いにして日本国民が戦争の前線に立つことはなかった。戦争に対する厳しい反省をふまえ、平和主義と戦争放棄の原則に立つ日本国憲法に護られてきたからである。

　しかし、戦後70年を経過した今、過去の悲惨な歴史を忘れ、あるいは改竄・美化し、日本国憲法第9条を改変して、戦争を可能にする体制に変えようという動きもかつてなく強まっている。

　外国語教育の本務は国境を越えたコミュニケーションと国際的な平和・友好親善である。そうである以上、自らの過去の歴史を謙虚に振り返り、戦前の英語教育が子どもたちをどのように〈戦争〉へと向かわせたのかを検証し総括することは、今こそ行わなければならない責務なのではないだろうか。

　それは「自虐」などではない。健全な教育へと再生するための切

開手術であり、病根を摘出するために避けては通れない痛みなのである。

敗戦から70年も経過したが、これまで英語教科書における〈戦争〉教材の検証作業はほとんど行われて来なかった。あまりに遅きに失したが、病根を放置したまま知らないふりをすることは、後の世代に対して、また諸外国の人々に対しても、あまりにも無責任である。

そう考えて資料収集と考察を進めてきたが、もとより本書はその第一歩に過ぎない。あとに続く人々が次なる一歩を進めるための踏み石となれば幸いである。

       2015年6月23日　沖縄戦終結の慰霊の日に
              江利川　春雄

【凡　例】

一、教科書の表記に関しては、たとえば武信由太郎著 *New School Composition* 3(1913年2月10日検定済：師範・中学)とある場合、書名のあとの「3」は第3巻の意味である。また、「検定済」とは文部省検定済のことで、直後の「師範」とは使用対象が「師範学校英語科用」、「中学」とは「中学校外国語科用」である。同様に、「実業」「女学校」「高等小学校」は、それぞれ「実業学校外国語科用」「高等女学校外国語科用」「高等小学校外国語（英語）科用」を示す。

一、引用文の旧漢字は、人名を除き、原則として新漢字に改めた。引用文がカタカナ表記の場合は、原則としてひらがな表記に改めた。また、適宜、句読点・濁点・ルビを補った。

一、表記については「大日本帝国陸軍」「皇軍」などの当時の呼称を「（日本）陸軍」「（日本）海軍」に一括し、「支那事変」「大東亜戦争」なども、今日の歴史学で標準的に用いられる「日中戦争」「アジア・太平洋戦争」などに改めた。

一、引用文の明らかな誤植は改めた。本文中の〔　〕は、江利川による補足・註釈である。

目 次

はじめに …………………………………………………………………………… iii

序章　戦前の英語教科書を求めて …………………………… 1
探し求めて30年　2／資料批判の必要性　2／戦前の学校制度　6／
学校種別・種類別にみた外国語教科書　8

第1章　文明開化と西洋中心主義 ……………………………… 11
戦争と人種差別　12／『ミッチェル地理書』の文明5段階説　13／
『パーレー万国史』の文明4段階説　21／
国産英語教科書の人種論　24／
国語教科書の人種像　30／福沢諭吉の「脱亜論」　33／
「文明化」した日本へ　34

第2章　日清・日露戦争と「国民」の形成 ………………… 39
戦争に明け暮れた近代日本　40／日清戦争　41／台湾の植民地化　48／
黄禍論　52／日露戦争　54／日本海海戦　61／日露戦争の英雄像　67／
天皇の権威　71／「西洋化」の完成　79／朝鮮の植民地化　82

第3章　第一次世界大戦と日本の大国化 …………………… 85
史上初の世界戦争　86／大戦初期は戦争を鼓舞　88／戦車　90／
潜水艦　92／飛行機　95／大戦の原因と実態　98／国際連盟　102／
日本の南洋群島領有　104／ロビンソン・クルーソー　107／
日本が世界5大国に　111／シベリア出兵と米騒動　114

第4章　アジア・太平洋戦争と軍国日本 …………………… 117
経済不況と貧困　118／「満州国」　119／上海事変　124／
海軍力の増強　128／平和を望む教材　131／教科書への国家統制強化　135／
「満州国」と中国占領地での教科書統制　138／日中戦争　140／
ヒトラーとムッソリーニ　148／JapanからNipponへ　155／

viii

親西洋的な教材の削除　160／太平洋戦争　167／
　　戦争末期の国定・準国定英語教科書　174／戦車と軍用機　175／
　　山本五十六　180／大東亜共栄圏　184／銃後の決意と試練　190／
　　「墨ぬり」による〈戦争〉教材の隠蔽　199

おわりに ……………………………………………………………………… 208

主要参考文献 ………………………………………………………………… 212

索　引 ………………………………………………………………………… 214

序章
戦前の英語教科書を求めて

LESSON 9.

OUR FLAG MARCH.

I am a Japanese boy.
My name is Momotaro.
I have a flag.
See the flag.

「日の丸」を掲げて行進する子どもたち
南日恒太郎 *New English Readers for Middle Schools* 1
(1916年1月7日検定済：師範・中学)

探し求めて30年

　戦前の英語教科書を集め始めてから約30年が経とうとしている。これからの英語教育を考えるためには、過去の英語教育がどうだったのかを知る必要があると考えたからである。

　とはいえ、その入手は困難をきわめた。教科書は書き込みが多く、汚損しているものがほとんどのため、古書店が商品として扱うことが少ないからである。

　それでも、全国の古書店や古書即売会に足を運び、古書目録を取り寄せてコツコツ集めた。教科書研究の第一人者だった故中村紀久二先生（元国立教育研究所）と親しくなり、晩年まで収集を手伝っていただいた。日本英語教育史学会の先輩からお譲りいただくこともあった。近年はインターネットサイトの「日本の古本屋」や、ネットオークションで入手することも増えた。

　このような苦労をして教科書を集める理由は、「はじめに」に書いたように、英語教科書史の研究のためには、生徒たちが実際に手にした「供給本」を一次資料としなければならないからである。

資料批判の必要性

　戦前の教科書は「日本人を形成した」といえるほど重要な役割を果たしてきた。1886（明治19）年の教科書検定制度の発足によって、初等・中等教育の教科書は、原則として検定を経て文部大臣が認可したものしか使用を許されなかった。さらに、1903（明治36）年からは小学校では文部省が著作権を有する国定教科書の使用が義務づけられた。ただし、高等小学校の英語科に関しては、1908（明治41）年から文部省著作の英語読本が刊行されたものの、1919（大正8）年以降は民間の検定教科書も発行された。

また、幕末以来、欧米から外国語教科書が輸入され、日本国内で翻刻（複製）されたものも多い。それらの非検定本は、検定制度が導入された後も明治末期頃まで使用された。

　英語教科書の歴史的研究に際しては、まず発行された教科書の書誌情報に関する正確かつ包括的な把握が必要不可欠だが、全体を網羅した信頼に足る書誌目録が存在しなかった。そのため、筆者は文部省の『検定済教科用図書表』(中村紀久二氏翻刻)の書誌情報を批判的に加工し、可能な限り現物資料に当たって、明治以降に刊行された初等・中等教育用のすべての外国語教科書の書誌データをコンピュータに入力し、検索自在のデータベースを作成した。

　これをもとに、日本学術振興会の科学研究費助成金を得て、以下の3つのデータベースをインターネット及びCD-ROM版で公開した。②と③では、資料の画像、文字テキスト、レコードの音声なども閲覧・視聴が可能である。

①「明治以降外国語教科書データベース」外国語教科書データベース作成委員会〔代表・江利川春雄〕（平成13・14年度科学研究費助成研究）　2003年公開
http://www.wakayama-u.ac.jp/~erikawa/index.html

②「明治以降外国語教育史料デジタル画像データベース」外国語教育史料デジタル画像データベース作成委員会〔代表・江利川春雄〕（平成18年度科学研究費助成研究）　2007年公開
http://www.wakayama-u.ac.jp/~erikawa/database2/

③「幕末以降外国語教育文献コーパス画像データベース」外国語教育文献データベース作成委員会〔代表・江利川春雄〕（平成22・23年度科学研究費助成研究）　2011年公開

http://www.wakayama-u.ac.jp/~erikawa/database3/

これらの結果、1947（昭和22）年度の新制発足に至るまでの外国語教科書に関して、以下のような事実が判明した(小篠敏明・江利川春雄編著『英語教科書の歴史的研究』2004)。

(1) 文部省著作の英語教科書は、5期にわたって5種19冊が刊行された。
(2) 文部省による検定認可を受けた外国語教科書の点数は、1887（明治20）年3月から新制発足直前の1947（昭和22）年3月までの60年間に2,234点で、総巻冊数は5,654巻（冊）だった。

外国語教科書の検定認可点数の推移は図 序-1のとおりである。
こうして抽出した国定および検定教科書の研究に際して留意すべきことは、実際に教室で使われた「供給本」を特定することである。というのは、検定教科書資料には以下の4種類があり、しばしば混在しているからである(中村紀久二『検定済教科用図書表　解題』1986)。

(a) 文部省への検定申請本（見本本）
(b) 検定合格本（「文部省検定済」の記載がなく、一部は供給本と異同がある）
(c) 供給本（1892年度以降は「〇年〇月〇日文部省検定済」の記載がある）
(d) 不認定・無効却下本

筆者の調査によれば、無修正で検定に合格できた外国語教科書は全体の約2割にすぎず、残り8割は検定官からの指示に従って改

序章　戦前の英語教科書を求めて

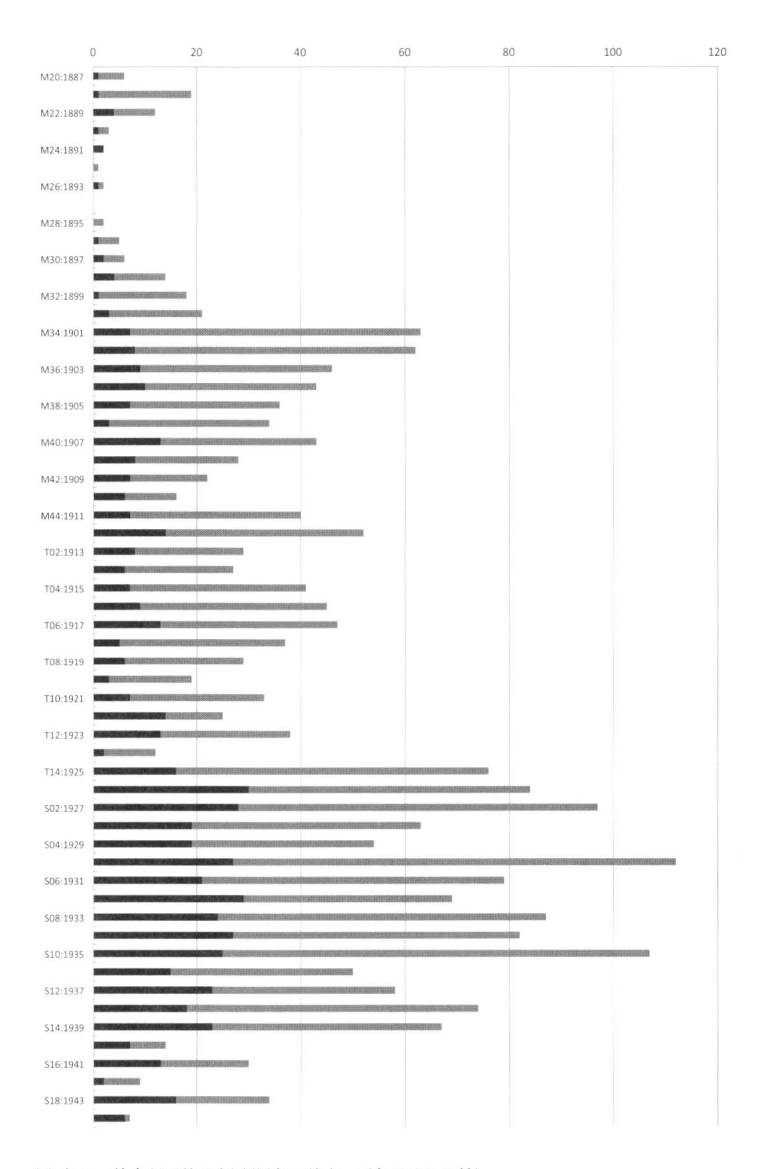

図 序-1　検定認可数の変遷（黒色は読本、灰色はそれ以外）

訂した後に版次を変えて再申請し、合格後に学校に供給された。これが(c)の「供給本」で、検定教科書研究の一次資料となるものである。なぜならば、児童・生徒らが実際に手に取り、教材として直接的な影響を与えたのは、これらの供給本だからである。文学書とは違い、教科書では初版の価値は低い。また、奥付の発行年月日以上に、文部省の検定年月日が重要な意味を持つ。そのため、本書で用いた文部省検定教科書については検定年月日を表記している。

残る(a), (b), (d)の版本は、程度の差はあれ「供給本」とは内容的な異同があると考えた方がよい。そのため、無批判に依拠することは危険である。しかし、日本最大の教科書所蔵機関である文部科学省所轄の国立教育政策研究所教育研究情報センター教育図書館と東京書籍株式会社附設の教科書図書館である東書文庫に所蔵されている資料の多くは、文部省が検定時に使用した「検定申請本」である。そのため、調査に当たっては慎重な資料批判が必要であり、安易に一次資料として使うことはできない。

戦前の学校制度

次に、本書に登場する戦前の学校制度を概観しておきたい(図 序-2)。ただし、学校制度と外国語教育の位置づけは時代とともに複雑に変遷するので、詳細は拙著『近代日本の英語科教育史』(東信堂、2006)を参照されたい。

戦前に外国語(ほとんどが英語)を学習することができたのは、以下のような中等レベルの学校に進学した、同世代の1～3割程度のエリート層だった。

中学校：男子のみの5年制で、現在の中学1年から高校2年の学齢に相当する。外国語(ほとんどが英語)は必修で、週6～7時間の

序章　戦前の英語教科書を求めて

戦前の学校系統図

戦前の学校体系は何度か変遷する。縦軸が年齢、横軸が就学人口を表している。

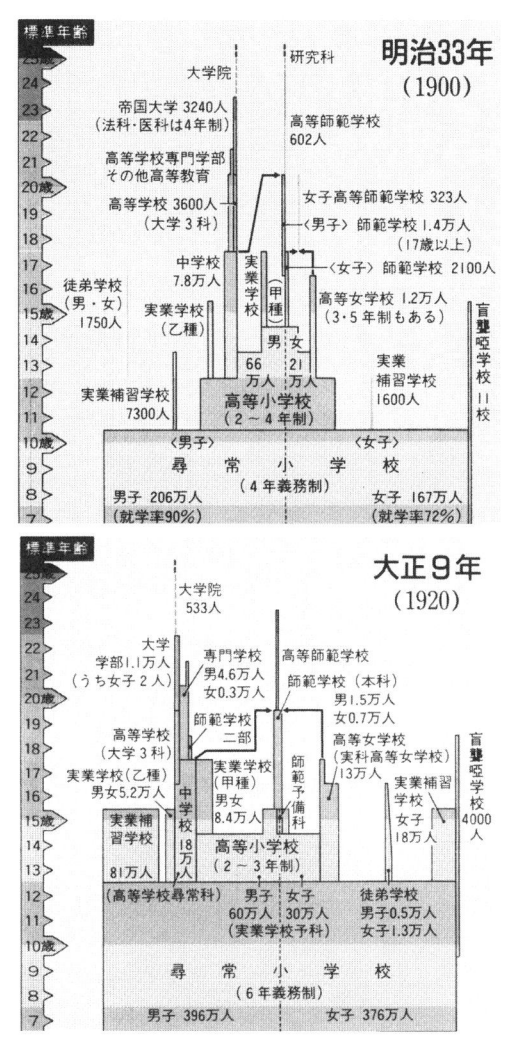

図 序-2　1900(明治33)年と1920(大正9)年の学校系統図
(出典)『週刊朝日百科　日本の歴史103　近代Ⅰ-④』(新聞社、1988)　＊板倉聖宣 作成

実施が多かった。学力的にも経済的にも恵まれたエリート層が選抜を経て入学する学校で、小学校からの進学率は明治末期で数パーセント、昭和戦前期で1～2割程度だった。卒業後は高等学校や高等専門学校への進学を希望する者が多く、さらに大学をめざす者もいた。

高等女学校：女子のみの4年制が一般的で、現在の中学1年から高校1年に相当する。外国語は週3時間程度で、選択科目にもかかわらず、ほとんどの学校で教えられた。

実業学校：農業、商業、工業などの職業教育を実施した学校で、3年制が多かった。ほとんどの学校で外国語教育を実施し、特に商業学校での英語熱は高かった。

師範学校：小学校教員を養成した学校で、14歳以上を入学資格とした4年制ないし5年制の時代が長かった。英語は週3時間程度実施する学校が多かった。1943(昭和18)年に高等専門学校に昇格し、戦後は国立大学の学芸学部(のちに教育学部)となった。

高等小学校：1886(明治19)年に発足し、義務教育だった4年制の尋常小学校に接続する4年制の学校だったが、1908(明治41)年度からの尋常小学校の6年制への移行にともない12歳で入学する2年制(まれに3年制)の学校となった。中学校などに進めない庶民の子弟が多く入学し、英語は都市部を中心に、1930年代のピーク時でも1割程度の学校しか教えなかった。

なお、戦時下の1943(昭和18)年度から、中学校、高等女学校、実業学校の修業年限はいずれも1年短縮された。

学校種別・種類別にみた外国語教科書

以上の学校制度をふまえて、国定および検定外国語教科書を学

序章　戦前の英語教科書を求めて

表 序-1　検定外国語教科書の学校種別・種類別発行状況(1887-1946)

種別	中学校	小学校	師範学校	女学校	実業学校	計(のべ)	構成比	兼用率
読　本	324	99	136	139	147	845	25%	1.38
副読本	764	1	49	124	104	1,042	31%	1.31
文　法	278	2	98	57	91	526	16%	1.95
作　文	236	0	70	26	95	427	13%	1.69
会　話	28	7	3	0	0	38	1.1%	1.15
入　門	8	10	0	0	0	18	0.5%	1.20
綴　字	9	8	1	0	0	18	0.5%	1.29
習　字	127	59	64	83	39	372	11%	2.19
独　語	7	0	0	1	0	8	0.2%	1.14
仏語	1	0	0	0	0	1	0.0%	1.00
支那語	3	0	0	3	2	8	0.2%	2.67
他/不明	18	1	3	2	5	29	0.9%	1.45
計	1,803	187	424	435	483	3,332	100%	平均 1.53
構成比	54%	5.6%	13%	13%	14%	100%		

(注) 複数校種に重複するものは各校種に算入。文法には「文法作文」を含む。

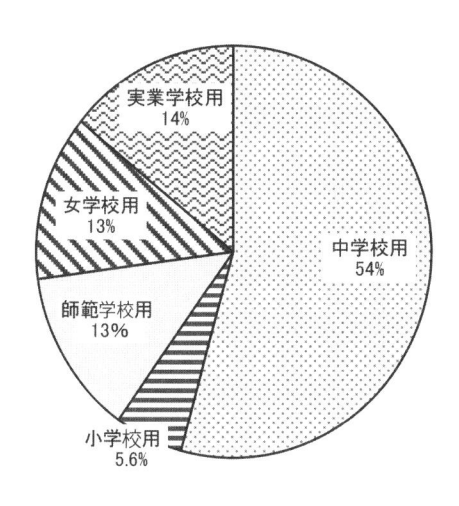

図 序-3　学校種別の検定外国語教科書発行状況(1887-1946)

9

校種別・種類別に分類すると表序-1および図序-3のようになる。表序-1のうち、右端の「兼用率」は同一の教科書が複数の校種用に検定認可されていた度合いを表しており、支那語(中国語)、習字(英習字)、文法、作文などの兼用率が高い。

(1)中学校用の教科書数が最も多く、のべ1,803点で全体の54%を占めている。外国語教育を重視していたことの反映であろう。

(2)実業学校用は483点(14%)である。実業学校で検定教科書の使用が義務づけられたのは1932(昭和7)年度以降だったにもかかわらず教科書数が多い。その理由は、1930年代に実業学校の校数と生徒数が中学校を上回ったことに加え、商業学校などでは中学校並みの外国語教育を行っていた学校も多かったからである。

(3)高等女学校用や師範学校用は相対的に少ない。これは外国語が加設科目(一種の選択科目)だった時期が長かったことに加え、授業時間数が中学校の約半分の週3時間程度だったためである。

(4)高等小学校用の教科書はわずかに5.6%(187点)を占めるのみである。外国語がたえず加設科目の地位に置かれ、軽視されていたからである。筆者の調査では、1900(明治33)年度以降の高等小学校での英語の加設率の全国平均は、ピーク時の1932(昭和7)年度ですら9.9%止まりで、英語の時間数はせいぜい週に2～3時間にすぎなかった(拙著『近代日本の英語科教育史』第5章)。

こうした外国語教科書の実態をふまえて、各時代の〈戦争〉教材の特徴を見ていこう。

第1章
文明開化と西洋中心主義

文明段階説を説く *Mitchell's New Primary Geography* (1871)

戦争と人種差別

　幕末の開港から明治初期にかけて、舶来の書物で西洋文明を吸収しようとした日本の知識人たちは、ある記述に出くわして愕然とした。世界の文明は野蛮（Savage）、未開（Barbarous）、半文明（Half-Civilized）、文明（Civilized）、開化（Enlightened）の5段階に分類されており、自分たち日本人は開化した西洋人よりも2段階も劣る「半文明」（Half-Civilized）の段階にあると書かれていたのである。

　白人の教師から通知表をもらったら、5段階評価の3が付いていたわけだ。自分たちよりも下が2つあるから「まあまあの成績」ともいえる。しかし、幕末に江戸幕府が西洋列強と結んだ不平等条約の撤廃をめざしていた明治政府は、この評価に甘んじるわけにはいかなかった。最上位の5の段階にある白人たちと対等にならなければ、理不尽な不平等条約を解消できないからである。日本を西洋列強と並ぶ「文明開化」した国家にどう格上げするか。この問題を基軸に、明治という歴史の歯車は回転していたのである。

　西洋の近代史がそうであるように、近代日本の歴史は戦争の歴史だった。戦争には人種差別や民族差別が伴う。敵と見なされる人間集団に対して、偏見や憎悪をかき立てるためである。憎悪が充満すれば、一触即発となる。

　差別的な民族観念は、はるか昔に中国から日本に入ってきた。古代中国の中華思想では、周囲の異民族を文化程度の低い人間以下の集団と見なし、東夷（貉の同類）・西戎（羊の同類）・南蛮（虫の同類）・北狄（犬の同類）などと名付けて蔑むことで武力支配を正当化していた。こうした異民族観は中国に限らない。古代ギリシャでは周囲の異民族を「わけのわからない言葉を話す者」という意味の「バルバロス」（複数形はバルバロイ）と呼び、しだいに「未開人」を意味するようになった。これが英語のbarbarian（未開人）の語源となる。

第1章　文明開化と西洋中心主義

　明治政府が「富国強兵」「殖産興業」をスローガンに進めてきた近代化とは、欧米資本主義列強をモデルにした西洋化であった。西洋白人社会に追いつくために、明治政府は政治・経済・軍事のシステムを西洋化すると同時に、文化的にも西洋化を図ろうとした。そのスローガンが「文明開化」である。しかし、「文明開化」という言葉の裏には、自分たちの文明が「まだ開化していない」との自己認識が潜んでいる。この認識こそ、西洋中心の文明観から移入されたのである。

　そうした文明観を日本人に伝えたものは、欧米から大量にもたらされた文献、とりわけ教科書だった。幕末から明治前期には、蘭学(オランダ語による西洋学問)に代わって英学(英語による西洋学問)が主流になった。ヨーロッパにおいてオランダが凋落し、産業革命をなしとげたイギリスが大英帝国として隆盛を誇っていたからである。そのため、明治前期の学校の教科書として使用するために、語学書はもとより、地理、歴史、数学、物理、化学などの書物が主に英米から輸入され、一部は国内で翻刻された。

　高等教育機関の教育言語は当初は英語・ドイツ語・フランス語の複数言語体制だったが、明治政府は主に経費面から1873(明治6)年に「英学本位制」を導入し、専門学科は原則として英語で教育するよう求めた。こうして、日本では外国語のなかで英語だけが特別の地位をもつようになった。したがって、英語の教科書のなかに、いかなる文明論・人種論が書かれていたのかを分析することには特別の意味がある。

『ミッチェル地理書』の文明5段階説

　明治初期によく使われた英語教科書のひとつに、アメリカからの舶来本『ミッチェル地理書』がある。日本では初級用の *Mitchell's*

New Primary Geography(1871)と、中級用の*Mitchell's New School Geography*(初版1865)が好まれた。前者の訳本としては、讃井逸三・川村秀二合訳『密都爾氏　地理書直訳』が1872(明治5)年に刊行されている。問題となるのは後者『ミッチェル新学校地理』の記述である(図1-1)。その The States of Society(社会の状態)という章に、前述の文明5段階説が登場するのである。

　「日本はどの段階なのだろうか」。明治の知識人たちは固唾を飲んで英文を読んだに違いない。本文は次のように述べている(1872年版より抜粋)。やや難解な語句も見られるが、福沢諭吉などの知識人に大きな影響を与え、「文明開化」という言葉の由来ともなった部分なので、がんばって読んでいただきたい。なお、ここで使用した家蔵本は、1874(明治7)年に創設された宮城外国語学校(のちに英語学校)の旧蔵書であり、英語界の巨星だった斎藤秀三郎(1866 - 1929)が同校在籍中に読んだ可能性がある。

図1-1　文明5段階説
(*Mitchell's New School Geography*, 1872年版)

第1章　文明開化と西洋中心主義

THE RACES OF MANKIND.

The Caucasian race are of fair complexion, with finely-formed features and well-developed forms. They are the most improved and intelligent of the human family, and seem capable of attaining the highest degree of progress and civilization. The nations of Europe, Western Asia, Northern Africa, with the white inhabitants of America, are included in this division of mankind. This is also called the European race. […]

The Mongolian race are of a yellow complexion, with the eyes set obliquely in the face. In disposition they are patient and industrious, but limited in genius and slow in progress. The Chinese and Japanese comprise a large portion of the Mongol race. […]

The Black race are of a dark complexion, varying from a coffee color to deep coal-black. Generally, they are strong and active in body, but indolent in habit, and have not attained to any high degree of civilization. They inhabit nearly all the districts of Africa south of the Great Desert, and are found also in America, whither they were carried as slaves. […]

THE STATES OF SOCIETY.

Mankind, in respect to their social condition, may be divided into two great classes, viz., Savage and Civilized. […]

These two classes may be still further divided into five: the Savage, Barbarous, Half-Civilized, Civilized, and Enlightened. […]

Savage life is the lowest stage of existence among wandering tribes. It is but little removed from the life of brutes. Such is the condition of some of the natives of Central Africa, of New Guinea, and Australia. […]

Savages roam over a great extent of country, and live by hunting and fishing, and sometimes upon insects, roots, and wild fruits. They make war upon each other, and are very cruel and superstitious. Some savages are cannibals and eat human flesh. […]

The barbarous state is the second stage, not quite so low as the savage. The Tartars, the Arabs, and some North African tribes are in this state. […] Barbarians have written languages, but few among them learn to read and write. Their progress even in simplest mechanic arts is limited. […]

The Half-Civilized state is a decided improvement, in life and manners, upon the barbarous state. […] In the half-civilized state agriculture is conducted with some degree of skill, the useful arts are practised and improved, cities and towns are built and adorned, and a considerable advance is made in learning and literature. Half-civilized nations, however, are jealous of strangers, and treat their women as slaves. China, Japan, Turkey, and Persia are the principal countries of this class. […]

Civilized and enlightened nations are those which have made the greatest progress in morals, justice, and refinement, among whom the arts are constantly being improved and the sciences are diligently cultivated. […] Civilized and enlightened nations systematically conduct the great interests of agriculture, mechanical industry, and the fine arts. In this way comforts and luxuries are provided, and the bulk of the people are rendered contented and prosperous. The best examples of enlightened nations are the United States, England, France, and Germany.

人　種

　白色人種は、肌が白く容貌に優れ体格に恵まれている。人類の中で最も進歩した知的な人種であり、最高度の進歩と文明を達成する能力を持つようである。ヨーロッパ諸国の他に、西アジアと北アフリカの地中海沿岸諸国、及びアメリカに住む白人も含まれ、一般にヨーロッパ人種とも呼ばれる。

　蒙古人種の肌は黄色で、目は細くつり上がっている。気質は忍耐強く勤勉だが、能力に限界があり進歩が遅い。中国人と日本人が蒙古人種の大半を占める。

　黒色人種は、肌が濃い茶色や黒色である。一般に身体は強健で俊敏だが気質は怠惰であり、いかなる高度な文明にも到達していない。サハラ砂漠以南のアフリカのほぼ全土に居住する。アメリカにも居住しているのは、奴隷として連れて来られたためである。

社会の状態

　人類をその社会状況によって分類すると、野蛮人と文明人の二つに大別できる。さらに細かく分けると、野蛮人・未開人・半文明人・文明人・開化人の五つに分類可能である。

　野蛮人は定住地を持たない部族で、暮らしぶりは人類として最低段階で、獣の暮らしと大差はない。中央アフリカ、ニューギニア、オーストラリアの原住民には、この程度の暮らしの者もいる。

　野蛮人は広い地域を放浪し、狩猟と漁労で生きており、昆虫・木の根・野生植物の実も食用にする。互いの戦争が多く、とても残忍で迷信深い。一部は人食い人種で、人肉を喰らう。

> 　未開人の状態は、野蛮人に次いで低レベルであり、タタール人、アラブ人、北アフリカの一部の部族が、これに該当する。未開人は文字は持つが、読み書きが出来る者は極めて少数である。極めて単純な機械技術であっても、その進歩は限定的である。
> 　半文明人は、生活や風習の点で未開人とは進歩の度合いが決定的に異なっている。ある程度の農耕の技能があり、有用な技芸を取り入れ、改善している。また市街を整備し、学問や文芸においてもかなりの進歩をとげている。しかし、外国人に対する警戒心が強く、自国の女性たちを奴隷あつかいする。半文明人の主要国には、中国、日本、トルコ、ペルシアがある。
> 　文明開化した国民は、道徳・正義・品位において最も進歩をとげている。技芸は着実に進歩し、たゆまぬ努力で諸科学も発展している。文明開化した国民が組織的に大きな関心を寄せるのは、農業・機械工業・芸術である。これにより、快適で贅沢な暮らしが提供され、国民の大部分は充足と繁栄を謳歌している。開化した典型的な国は、アメリカ、イギリス、フランス、ドイツである。

　白色人種は「肌が白く容貌に優れ体格に恵まれている。人類の中で最も進歩した知的な人種であり、最高度の進歩と文明を達成する能力を持つ」。特にアメリカ、イギリス、フランス、ドイツなどの文明開化人（Civilized and Enlightened）は「快適で贅沢な暮らしが提供され、国民の大部分は充足と繁栄を謳歌している」。

　これに対して、黒色人種は「身体は強健で俊敏だが気質は怠惰であり、いかなる高度な文明にも到達していない」。「野蛮人（savages）の一部は人食い人種（cannibals）で、人肉を喰らう」と、さんざんである。

第1章　文明開化と西洋中心主義

　しかし今日の研究によると、食人の最古の痕跡は熱帯地方ではなくヨーロッパで発見されている。スペインのアタプエルカ遺跡で、80万年以上前の先史人類たちが人肉を食べていた証拠が出てきたのである。なお、ヨーロッパ人の名誉のために付け加えれば、フランスの哲学者モンテーニュは『エセー』(1580)の中の「食人種について」で、「アメリカ原住民には野蛮なものはまったくない、人間はそれぞれ自分の習俗にないものを単に野蛮と呼ぶにすぎない」と述べている。文化相対主義の先駆け的な考察である。

　そのアメリカ原住民について、米国の白人ミッチェルは「復讐心に燃え好戦的である。彼らは白人文明の伸張の前に急速に姿を消しつつある」と書いている(先の引用では割愛)。こんな文書を読むと、思わず「復讐心に燃えるのは白人たちが迫害したからではないか」、「急速に姿を消しつつあるのは白人たちが虐殺したり、劣悪な居留地へと追いやったからではないか」とツッコミたくなる。

　蒙古人種は「気質は忍耐強く勤勉だが、能力に限界があり進歩が遅い」と手厳しい。日本人は「半文明人」(Half-Civilized)で、「外国人に対する警戒心が強く、自国の女性たちを奴隷あつかいする」と規定している。もっとも、平成の日本でも外国人への「ヘイトスピーチ」は目に余るし、女性の賃金は正規雇用でも男性の約7割、パートでは約4割(2014年)にすぎないから、偉そうに反論はできないだろう。

　『ミッチェル地理書』が記述した人種観は地誌人類学と呼ばれ、科学風の言説で西洋の植民地主義を粉飾した俗説として悪名高い。そのルーツはドイツの医師ブルーメンバッハの人種理論(1775年)だといわれているが、この理論は19世紀の領土拡張競争の時代になると隆盛をきわめた。「未開の土人たちを文明の恩恵に浴させてやる」といった上から目線で、帝国主義と植民地主義を正当化する理論的武器となったのである。これが、20世紀のナチス・ドイツ時代

にはさらに凶暴化した。

この種の教材は、帝国主義段階に入りつつあった1870年前後の欧米人の世界認識を知る上で欠かせない。それと同時に、こうした欧米中心史観の教科書が明治期の日本の知識人たちの「脱亜入欧」思想に与えた影響を考える上でも、読み返さなければならない。

なお、すでにお気づきだろうが、ミッチェルは引用部分の冒頭で人類社会の発展史を5段階で区分しているが、解説の部分では4段階になっている。4の文明（Civilized）と5の開化（Enlightened）とを合体させて文明開化（Civilized and Enlightened）としているのである。

図1-2 『ミッチェル新学校地理』（左）と『世界国尽』（右）に登場する野蛮人（上）と開化人（下）

20

より平易な*Mitchell's New Primary Geography*も4段階である(本書第1章扉を参照)。

　福沢諭吉は『掌中万国一覧』や『世界国尽』(ともに1869)で『ミッチェル新学校地理』を紹介し、ミッチェルの解説に従って西洋文明を「文明開化」(当初は「開化文明」)と翻訳している。これこそが、明治初期の文化革命のスローガンである「文明開化」へとつながるのである。

『パーレー万国史』の文明4段階説

　次に、歴史教科書を読んでみよう。明治前期の英学教科書として広く用いられたアメリカ舶来の『パーレー万国史』(*Peter Parley's Universal History on the Basis of Geography*, 初版1837)の第5章 About the Different Kinds of People in the World (世界の様々な人種について)には次のように書かれている(1859年版より抜粋)。

> 24　INTRODUCTION.
>
> the negroes, and some are white like the English, and the people of the United States.
>
> 5. In some countries the people live in huts built of mud or sticks, and subsist by hunting with the bow and arrow. These are said to be in the savage state Our American Indians, some of the negroes of Africa, some of the inhabitants of Asia, and most of the Oceanians, are savages.
>
> 6. In some countries the people live in houses partly of stone and mud. They have few books, no churches or meeting-houses, and worship idols. Such are most of the negroes of Africa, and many tribes in Asia. These are said to be in the barbarous state, and are often called barbarians. Many of their customs are very cruel.
>
> 7. In some countries the inhabitants live in tolerable houses, and the rich have fine palaces. The people have many ingenious arts, but the schools are poor, and but a small portion are taught to read and write. The Chinese, the Hindoos, the Turks, and some other nations of Asia, with some of the inhabitants of Africa and Europe, are in this condition, which may be called a civilized state.
>
> 8. In many parts of Europe, and in the United States, the people live in good houses, they have good
>
> INTRODUCTION.　25
>
> furniture, many books, good schools, churches, meeting-houses, steamboats and railroads. These are in the highest state of civilization.
>
> 9. Thus you observe that mankind may be divided into four classes;—those who are in the savage state, those who are in the barbarous state, those who are merely civilized, and those who are in the highest state of civilization. The four little pictures at the beginning of this book will make you better understand and remember the subject.
>
> QUESTIONS.
>
> 1. What is the whole population of the ?
> 2. Where did Adam and Eve live?
> 3. What would you observe in travelling through different countries?
> 4. What of people in the savage state?
> 5. What of people in the barbarous state?
> 6. What of people in the civilized state?
> 7. What of people in the highest state of civilization?
> 8. Into what four classes may mankind be divided?

図1-3　『パーレー万国史』(1859年版)

なお、この本の訳書として、牧山耕平訳の『巴来萬国史』(全3巻)が文部省から1876(明治9)年に刊行されている。当時の人々がどう読んだかを知るために、同訳書の「第五章緒言　世界の各種の人民」の訳文をご覧いただきたい。

About the Different Kinds of People in the World.

5. In some countries the people live in huts built of mud or sticks, and subsist by hunting with the bow and arrow. These are said to be in the savage state. Our American Indians, some of the negroes of Africa, some of the inhabitants of Asia, and most of the Oceanians, are savages.

6. In some countries the people live in houses partly of stone and mud. They have few books, no churches or meeting-houses, and worship idols. Such are most of the negroes of Africa, and many tribes in Asia. These are said to be in the barbarous state, and are often called barbarians. Many of their customs are very cruel.

7. In some countries the inhabitants live in tolerable houses, and the rich have fine palaces. The people have many ingenious arts, but the schools are poor, and but a small portion are taught to read and write. The Chinese, the Hindoos, the Turks, and some other nations of Asia, with some of the inhabitants of Africa and Europe, are in this condition, which may be called a civilized state.

8. In many parts of Europe, and in the United States, the people live in good houses, they have good furniture, many books, good schools, churches, meeting-houses, steamboats and railroads. These are in the highest state of civilization.

9. Thus you observe that mankind may be divided into four classes; —those who are in the savage state, those who are

in the barbarous state, —those who are merely civilized, and those who are in the highest state of civilization.

世界の各種の人民

〈牧山耕平訳『巴来萬国史』(1876)より〉

　㈤　一の人種は泥と杙とを以て家を作り、弓矢を以て猟をなし、以て其生計をなす。此等の人民を野蛮と謂ふ。亜米利加の印度人、亜非利加の黒奴中の某の人種、亜細亜の人民中の某の人種、及びオーシェニアの人種の如き多くは皆是なり。

　㈥　一の国に於ては其人民僅に石と泥とを以て築造せる屋宇に住居す。寺院及び議事院の設なく書籍も亦少なく且偶像を拝礼す。此等の人民は則ち亜非利加の黒奴及び亜細亜の人種中に多し。之を未開の情状と謂ひ、其人を未開の人民と称す。其風習多くは残忍にして蒙昧なり。

　㈦　一の国の人民は居室頗る佳なり。富者は華麗の屋宇を造りて之に住す。又諸術に巧なり。然れども学校の設多からず、読書作文の数随ひて備はらず。支那、温都斯担、土耳其、並に亜細亜、亜非利加及び欧羅巴の一の人種等の状態是なり。之を開化と云ふ。

　㈧　欧羅巴及び合衆国の各部の人民多くは宏壮なる屋宇に住し、家什も亦精良なり。甚だ書籍に富み、寺院、議事院、学校の設あり。汽船、鉄道、電信線亦一として備はらざるなし。是則ち最上開化の光景なり。

　㈨　上の如く人種を分ちて野蛮、未開、開化、最上開化の四類となす。汝それ之を記せよ。

このように、ミッチェルの文明論が5段階区分だったのに対して、『パーレー万国史』は4段階区分である。牧山耕平はsavage stateを「野蛮」、barbarous stateを「未開」、日本が含まれる7の部分のcivilizedと9の部分のmerely civilizedを共に「開化」、highest state of civilizationを「最上開化」と訳している。このように、訳者によってcivilizedが「文明」や「開化」などと異なる訳語を充てられているので注意が必要である。同じく、savageを「未開」、barbarousを「野蛮」と訳している場合もある。

　実は、『パーレー万国史』のこの部分の人種の段階規定は、版次によって異なるのである。たとえば、原著の1837～1871年版では7の部分がa civilized state（文明段階）、9の部分がmerely civilized（一応の文明段階）だったが、1874年版以降では、7の部分がa semi-civilized state（半文明段階）、9の部分がpartly civilized（部分的文明段階）に格下げされた。牧山が依拠した原本は、内容的に1869年版（New York : Ivison, Phinney, Blakeman & Co.）であろうと思われるので、9の部分はmerely civilized（一応の文明段階）であり、これを「開化」と訳したのであろう。1874年版以降の版ならpartly civilized（部分的文明段階）なので、文部省の訳本としては辛い立場になったことだろう。なお、1887（明治20）年前後に日本で翻刻出版された版の多くは後者の「格下げ版」であるから、日本は「部分的開化」段階とされていたことになる（馬本勉氏の教示による）。

　こうした教科書の版次による規定の「ゆれ」は、地誌人類学そのものの限界から来ているといえよう。人類の多様な生活様式を、西洋文明中心の一元的な尺度で測ること自体に無理があるのである。

国産英語教科書の人種論

　ところが、こうした人種観は日本の英語教科書では大正期の1910

第1章　文明開化と西洋中心主義

～20年代まで根強く残った。たとえば、増田藤之助著 *The International Readers* 2（1916年2月19日検定済：師範・中学）の第31課にはThe Different Races of Mankind（様々な人種）という教材が掲載されている。これは、日本でも使われた英国の教科書 *Royal Star Readers*（1886）から採ったものである。中身を読んでみよう（抜粋）。

図1-4 「様々な人種」
（増田藤之助 *The International Readers* 2, 1916の口絵）

The Different Races of Mankind

4. There is a white man. His home is chiefly in Europe and America. White men travel all over the world. They live on every part of the globe.

5. This race is at present the most powerful. White men are the best scholars and the best workmen. In their lands the people have more peace, more comfort, and more freedom, than the inhabitants of other lands enjoy.

6. The home of the yellow man is chiefly in Asia. He has broad cheek bones. His face is flat and square. His eyes are small. His hair is straight and black. Japan and China are peopled by this race.

25

7. A black man is found chiefly in Africa and in Australia. A great many of this race are called negroes. The African negroes have short, crisp, woolly hair, and thick lips. They were at one time stolen from their homes by white men, and taken to America, where they were made to work as slaves. But all are now free.

8. The Australian negroes are not so black as the Africans negroes, and their hair is much longer. They are active in running, climbing, and hunting. Many of them go almost without clothing.

9. Then there is a tawny man. His home is in the South Sea islands. He has thick black hair. His mouth is wide and his nose broad. Once all the people of this race were wild and cruel. They not only killed their enemies, but also sometimes ate their flesh. They were called cannibals. Now many of these islanders are civilized, and some are educated.

10. Last of all, we have a red man. His home is in America. He is tall and strong, with bold features and black hair. The red men are very fond of war. They are constantly fighting with one another. They are also very fond of hunting. But the red race is fast dying out.

11. They are called American Indians, because when Columbus discovered America he thought it was the eastern shores of India, and so he called the natives Indians.

様々な人種

4. 白色人種の主な故郷はヨーロッパとアメリカだが、全世界の各地に広がっている。

5. 白色人種は目下のところ最強で、学問でも仕事でも最も優れている。白人が住む土地は、他の土地よりも平和で快適で自

由である。

6. 黄色人種の主な故郷はアジアである。顔はほお骨が張り、四角でのっぺり。目は小さく、直毛の黒髪である。日本と中国に居住しているのは、この人種である。

7. 黒色人種の主な故郷はアフリカとオーストラリアである。この人種の多くは、ニグロと呼ばれる。アフリカの黒人は、髪が短く縮れてもじゃもじゃで、唇は分厚い。かつては白人によって故郷からアメリカへ連れ去られ、奴隷として働かされたが、現在ではみな解放されている。

8. オーストラリアの黒人は、アフリカの黒人ほど肌が黒くない。髪はずっと長い。走る、木に登る、狩りをする等の能力に長け、多くは衣類をほとんど身につけない。

9. 黄褐色人種は南太平洋諸島が故郷である。髪は黒く太く、口は大きく、鼻は低い。かつて、この人種の人々はみな乱暴で残虐だった。彼らは敵を殺すだけでなく、ときにはその人肉を喰らったため、人食い人種と呼ばれた。しかし、今では多くの島民が文明化され、教育を受ける者もいる。

10. 赤褐色人種の故郷はアメリカである。背は高く強健で、髪が黒く、目鼻立ちははっきりしている。戦争が大好きで、部族間で絶えず戦ってばかりいる。狩猟も大いに好むが、急速に死滅しつつある。

11. この人種がアメリカ・インディアンと呼ばれるのは、コロンブスがアメリカをインド東岸と勘違いし、現地人をインド人と呼んだからである。

この教材はもともと英国で作られただけに、4と5では白人を大いに礼讃している。白人は「目下のところ最強で、学問でも仕事で

も最も優れている。白人が住む土地は、他の土地よりも平和で快適で自由である」と述べている。

本当だろうか。この*The International Readers*が検定認可されたのは1916(大正5)年である。時はまさに第一次世界大戦(1914-1918)の真っ最中だった。この戦争は欧州戦争(War in Europe)とも呼ばれ、ヨーロッパが主戦場だった。白人たちの殺し合いが行われていたのである(本書第3章参照)。

6は日本人を含む黄色人種の記述。ほお骨が張って、顔はのっぺりと四角形、目は小さい。まさに「フーテンの寅さん」(渥美清)である。

7は黒色人種。髪の毛は短く縮れ、もじゃもじゃ。唇は厚い。とステレオタイプの記述ののちに、「かつては白人によって故郷からアメリカへ連れ去られ(stolen)、奴隷として働かされたが、今ではみな解放されている」との記述がある。著者は反奴隷主義者だったのだろうか。

9は南太平洋諸島に住む「黄褐色人種」(a tawny man)が描かれている。「かつて、この人種の人々はみな乱暴で残虐(wild and cruel)だった。彼らは敵を殺すだけでなく、ときにはその人肉を喰らった。彼らは人食い人種(cannibals)と呼ばれていた。今では、こうした島民たちの多くは文明化され、教育を受ける者もいる」。このように、デフォー(Daniel Defoe)の『ロビンソン・クルーソー』(Robinson Crusoe, 1719)に出てくる「人食い人種」言説が、19世紀の英米の教科書を経て、20世紀の日本の教室でも教えられていたのである。このとき日本は第一次世界大戦に参戦し、ドイツが植民地支配していた南洋諸島(ミクロネシアの島々)を委任統治領とした。これを契機に、空前の「南洋ブーム」が起こり、英語教科書の教材に「ロビンソン・クルーソー」が頻出するようになる(後述)。

すでに日本は、日清戦争後の下関条約(1895年)で台湾を獲得し、そこには「蕃人(ばんじん)」と呼ばれた少数民族も住んでいた。また、日韓併

合(1910年)により朝鮮半島も植民地化していた。欧米列強よりも遅れて資本主義国化した日本は、明治期を通じて国民国家と帝国主義を同時に形成する「国民帝国」をめざした。そこでは、国民国家としての一体感を創出するために支配領域内の人民を「国民」として包摂する一方で、植民地の被支配者を一段劣った存在として差別し、国民から排除するという矛盾する論理が併存していた(酒井一臣『「文明国標準」の南洋観』)。この教材「様々な人種」は複数の英語教科書に掲載され、そうした時代状況のなかで読まれたのである。

10の赤褐色人種(a red man)はネイティブ・アメリカン、いわゆるインディアンである。彼らは「戦争が大好き」(very fond of war)で、「部族間で絶えず戦ってばかりいる」(constantly fighting with one another)。そしてやはり「急速に死滅しつつある」(fast dying out)と書かれている。こうした記述も『ミッチェル地理書』とそっくりである。19世紀半ばの白人たちのステレオタイプ的な先住民観が教科書に記述され、それが次世代に固定観念を増殖させていくという構造が読み取れよう。

こうした差別的な先住民観は、筆者が子ども時代を過ごした1960年代までは「常識」だった。ハリウッド映画に描かれたインディアンは凶暴であり、筆者らは日焼けした仲間を「土人」などと冷やかしていた。しかし、その1960年代に、「野蛮」や「未開」と見なされてきたアジア、アフリカ、中南米などの人々は西欧の植民地から次々に独立を果たし、「第三世界」と呼ばれる陣営を形成した。

そうした時代に呼応して、1962(昭和37)年にレヴィ゠ストロースは『野生の思考』を発表し、これまで未開社会を特徴づけるとされてきた「野生の思考」と文明社会の「訓化された思考」とは、未開・文明にかかわらず相互浸透的に共存し、それらは相互補完的な役割を果たしているとの革命的な学説を打ち立てた(川田順造編『「未開」概念の再検討 I』21ページ)。

国語教科書の人種像

　以上で見てきたように、幕末開港後の日本人は外国語によって世界を認識した。そこで目にしたのは、人種を何段階にも分けて差別する西洋白人中心の人種観であり、自分たち日本人が「半文明人」であるとする他者認識だった。その他者認識は、やがて自己認識へと変化する。そうした認識を日本人全体へと広げる上で決定的な役割を果たしたのが、「国語」（日本語）教科書だった。

　1873（明治6）年に発行した最初の国語教科書である文部省編纂『小学読本』第1巻の扉を開けると、最初に目に飛びこんでくるのは「五人種図」である（図1-5）。

> 　凡世界に、居住する人に、五種あり、○亜細亜人種、○欧羅巴人種、○メレイ人種、○亜米利加人種、○阿弗利加人種なり、○日本人は、亜細亜人種の中なり、

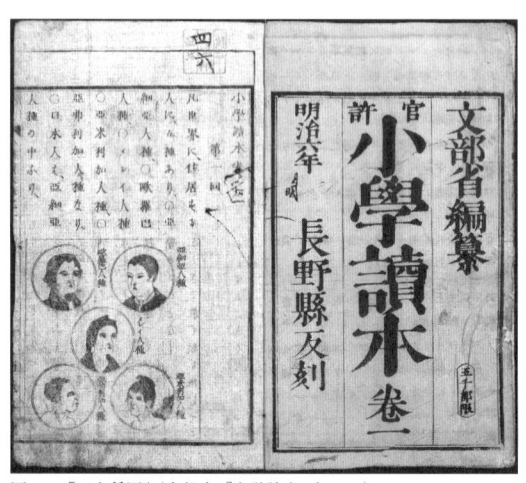

図1-5　「五人種図」（文部省『小学読本1』1873）

第1章　文明開化と西洋中心主義

　このように、広く世界の中に日本人を位置づけている。鎖国体制から解き放たれ、文明開化を迎えた新時代の教育を象徴する教材といえよう。なお、「メレイ人種」とはマレー半島を中心とする東南アジア・オセアニア地域に住む人種を指している。

　この『小学読本』は、教材の多くをアメリカの『ウィルソン・リーダー』(*Willson's Readers*)から採っており、翻訳して作ったといってもよいほどである。しかし、同リーダーにはこの図は出てこない。ということは、編者が意図的に挿入したと考えられる。府川源一郎の論文「田中義廉編『小学読本』冒頭教材の出典について」によれば、この「五人種図」の原拠は、アメリカで1866年頃に出版された地理の教科書 *Cornell's Grammar-School Geography* である。アメリカ伝来のこの「五人種図」は、『小学読本』よりも前に、福沢諭吉の『西洋事情』(初編1866)、古川正雄の『絵入智慧の環』(1870)、松山棟庵『地学事始』(1870)などにも掲載されている。当時の日本人がどれほど関心を寄せていたかがわかる。

　こうして、西洋白人文明の下に日本人を置いた文明観と人種観は、英語教育だけでなく国語教育のチャンネルからも日本人の意識に深く浸透し、自己認識となっていったのである。とりわけ、明治期の知識人や政治家には大きな影響を与えた。たとえば、初代内閣総理大臣となった伊藤博文がそうである。広島高等師範学校附属中学校英語研究会編 *Boys' National Readers* 4 (1932年11月14日検定済：師範・中学・実業) は、第10課 The Land of the Rising Sun (昇る太陽の国) で、1872 (明治5) 年の伊藤のサンフランシスコでの演説を次のように取り上げている。

> ### The Land of the Rising Sun
>
> Today, he [Ito] cries, it is the earnest wish of our people to strive for the highest points of civilisation enjoyed by more enlightened countries. Looking to this end, we have adopted their military, naval, scientific, and educational institutions, and knowledge has flowed to us freely in the wake of foreign commerce. […]
>
> The red disk in the centre of our national flag shall no longer appear like a wafer over a sealed empire, but henceforth the whole emblem of the Rising Sun, moving onward and upward amid the enlightened nations of the world.
>
> ### 昇る太陽の国
>
> 伊藤は宣言した。今日、日本国民は、西洋の文明開化した諸国が享受しているような文明の最高段階に達したいと強く願っている。この目標をめざして、我が国は西洋式の陸海軍・科学研究・教育制度を採用した。外国との交易にともなって、知識がどんどん我が国に流入している。
>
> 我が国旗の中央にある赤い丸は、もはや帝国を封印する封蝋ではなく、今後は世界の文明開化した諸国の中で躍進し続ける昇る太陽の象徴なのである。

日本国民は、西洋の文明開化した諸国が享受しているような「文明の最高段階」(the highest points of civilisation)に達したいと強く願っている。この目標をめざして、日本は西洋をモデルに軍隊や教育制度を近代化し、知識を獲得してきた。かくして、今後の日本は狭い自国の枠を破り、世界の文明開化した諸国(the enlightened nations)の中で躍進し続けるのだと伊藤は宣言したのである。

また、早稲田大学を創設し、内閣総理大臣などを務めた大隈重信は、1913(大正2)年の論文「日本民族は優等人種か劣等人種か」で、「日本人には何等偉大なる発明を以て世界に現はれたものがない」として、「長き此歴史的事実に徴するに、日本人は究竟白人種より一等下の民族でないかと思ふ」と結論づけている(眞嶋亜有『肌色」の憂鬱』参照)。

　では、早稲田の大隈に対し、慶応の福沢はどうだったのだろうか。

福沢諭吉の「脱亜論」

　文明5段階説の3である「半文明人」と規定された日本人が、欧米列強と並ぶ5に昇格するためには、3の段階に甘んじる他のアジア人たちと決別しなければならない。そう福沢諭吉は考え、「脱亜論」を発表した。これは福沢が創刊した『時事新報』の無署名論文で、掲載されたのは鹿鳴館時代の1885(明治18)年だった。

　当時、不平等条約の改正のために、日本の紳士淑女はタキシードとドレスで西洋人に擬態して夜な夜な鹿鳴館に集い、西洋人とダンスをすることで自らが「文明人」であることをアピールした。そうした西洋白人コンプレックスの裏返しが、周辺アジア諸国に対する傲慢さだった。福沢は「脱亜論」の中で次のように述べている(『福沢諭吉全集』第10巻、240ページ)。

　　我が国は隣国の開明を待って共にアジアを興すの猶予あるべからず。むしろその伍を脱して西洋の文明国と進退を共にし、その支那朝鮮に接するの法も隣国なるが故にとて特別の会釈に及ばず。まさに西洋人がこれに接するの風に従って処分すべきのみ。悪友を親しむ者は共に悪名を免かるべからず。我れは心に於てアジア東方の悪友を謝絶するものなり。

幕末・明治初期の先駆的な啓蒙思想家だった福沢諭吉は、『西洋事情』(1866)に口絵として掲げた「五人種図」の上に「四海一家五族兄弟」と書くなど、初期の頃は決して人種差別的な意図は込めていなかった(図1-6)。しかし、その約20年後には「西洋の文明国と進退を共にし」「アジア東方の悪友を謝絶する」とまで言い放ったのである。

　この「脱亜論」から9年後の1894(明治27)年に、日本は朝鮮の支配権をめぐって中国と日清戦争を戦うことになる。その10年後には日露戦争を戦い、1910(明治43)年には朝鮮半島を植民地化する(本書第2章)。

図1-6 「五人種図」
(福沢諭吉『西洋事情』1866)

　福沢の文明観・人種観についての詳細な考察はA. M. Craigの *Civilization and Enlightenment*(2009)などに譲るとして、私たちが考えるべきは、英語教科書を通じて流入した西洋の文明観・人種観が、戦争に明け暮れた近代日本の社会にいかなる影響を与えたのかである。この点について、日本人、とりわけ英語教育関係者はもっと自覚的であるべきではないだろうか。1万円札に福沢諭吉を掲げていることの問い直しも含めて。

「文明化」した日本へ

　「半文明人」とされていた日本人も、やがて「文明国」の仲間入りをするようになる。伊藤義末著 *The Popular Readings for the 4th*

Year Class(1931年1月17日検定済：中学)には、巻頭にアメリカの作家ナイヴァー(Harmon Bay Niver)のNew Japan(新興国日本)というエッセイが掲載されている。そこでは、西洋の文明国(civilized nations)が200年かけて達成した近代化を、幕末の開港から数十年で成しとげてしまった新興国日本の驚異を、西洋人の目線で描いている。この課の末尾には「君が代」の英訳まで掲げ、生徒の愛国心を喚起しているが、この英訳は政府公認の訳ではない。

New Japan

The most wonderful thing about Japan is the quickness with which she has learned the ways of civilized nations. […]

The Japanese soon began to make the articles that they brought from abroad. They learned to build their own war vessels, to make their own cannon, rifles, and ammunition. They drilled their soldiers after the German method, because they thought it the best. They built railroads and telegraph and telephone lines. In the fifty years after 1855 they made as much progress as other nations have made in two hundred years, and they are still going forward.

They are called the Yankees of the East, because they are so ingenious; they are called the French of the East, because they are so polite; and some one has called them the English of the East, because they are so persevering. They have taken to themselves all the good qualities of the other nations. This rising empire is now counted among the great nations of the world.

"KIMI GA YO"

May our Lord's Empire

Live, through a thousand ages,
Till tiny pebbles
Grow into giant boulders
Covered with emerald mosses!

新興国日本

　日本に関して最も驚くべきことは、文明国のやり方を学び取った速さである。日本人は外国から持ち込んだ物品をすぐに自らの手で作り始めた。自前の軍艦、大砲、小銃、弾薬の製造法を身につけ、最良だと考えたドイツ式の方法で兵士を猛訓練した。また、鉄道や電信電話網も建設した。西洋の文明国が200年かけて達成した近代化を、1855年の開港から僅か50年で成しとげ、さらに前進を続けているのである。

　日本人は、利口で器用なので東洋のアメリカ人と呼ばれたり、礼儀正しいので東洋のフランス人と呼ばれたりする。また、とても忍耐強いので東洋のイギリス人と呼ばれることもある。日本人は、他国の長所を全て取り込んでいる。今や、日の出の勢いの帝国は世界の大国に数えられるまでになっている。

―――――

「君が代」

君が代は
千代に八千代に
さざれ石の
いわおとなりて
こけのむすまで

第1章　文明開化と西洋中心主義

　本文はナイヴァーの *Old World Steps to American History*（1915）から採られたものである。彼は、日本が幕末の開港から50年ほどで急速な近代化を成しとげてしまったことを「もっとも驚くべきこと」(the most wonderful thing)だと驚嘆している。日本は多数の留学生を海外に送り込み、外国人教師を雇い、西洋から吸収できるものをみな吸収した。こうして、「自前の軍艦、大砲、小銃、弾薬の製造法を身につけ、ドイツ式の方法で兵士を猛訓練した」。ここまで読むと、単なる賞賛ではなく、日本を軍事的な脅威と見なしている気配すら感じる。

　かくして日本は「文明国」の仲間入りを果たすのであるが、ナイヴァーの評価はあくまで西洋基準である。いわく、日本人は「とても利口で器用なので東洋のアメリカ人」、「とても礼儀正しいので東洋のフランス人」、「とても忍耐強いので東洋のイギリス人」と、あくまでも「オレたち欧米の文明人に近づいてきたな」という上から目線なのである。

　他方、こうした西洋人とは違う目線から、日本の開化を冷徹な目で見据える日本人がいた。夏目漱石である。彼は1911(明治44)年の有名な講演「現代日本の開化」で、急速な西洋文明の移入を評して、「体力脳力共に吾らよりも旺盛な西洋人が百年の歳月を費したものを、いかに先駆の困難を勘定に入れないにしたところで、わずかその半に足らぬ歳月で明々地に通過し了る」と述べた。ナイヴァーと同様の認識である。しかし、その無理に伴う歪みを指摘し、漱石は「現代日本の開化は皮相上滑りの開化である」と喝破したのである。

　ここで注目すべきは、かの漱石でさえ、西洋人を「体力脳力共に吾らよりも旺盛な」と形容している事実である。ミッチェル流の文明5段階説は、かくも明治の知識人たちを捉えていたのである。そして、以下の各章で見るように、この文明段階説こそが近代日本史の底流に通奏低音のように響き続けることになるのである。

第2章

日清・日露戦争と「国民」の形成

> By whom was it painted?
>
> It was painted by a famous Japanese artist.
>
> It is very well done.
>
> I have seen many pictures of the admiral, but none so good as this.

東郷平八郎元帥の肖像を崇める女子
Lloyd, A.・元田作之進 *Girls' English Readers* 2
(1908年2月20日検定済：女学校)

戦争に明け暮れた近代日本

　明治維新から1945(昭和20)年8月15日までの日本の近代史は、「富国強兵」のスローガンのもと、陸海軍の増強と戦争・戦乱に明け暮れた歴史だった。

- 1874(明治7)年　初の対外戦争である台湾出兵
- 1875(明治8)年　朝鮮での江華島事件
- 1877(明治10)年　九州での近代史上最大の内乱である西南戦争
- 1882・84(明治15・17)年　京城事変(壬午事変と甲申政変)
- 1894〜95(明治27〜28)年　日清戦争
- 1900(明治33)年　中国での義和団事件
- 1904〜05(明治37〜38)年　日露戦争
- 1907〜10(明治40〜43)年　朝鮮植民地化のための戦争
- 1914〜18(大正3〜7)年　第一次世界大戦
- 1918〜22(大正7〜11)年　ロシア革命干渉戦争(シベリア出兵)
- 1927〜28(昭和2〜3)年　中国山東出兵
- 1931(昭和6)年　満州事変(1931〜45年　アジア・太平洋戦争)
- 1932(昭和7)年　上海事変(第一次)
- 1937〜1945(昭和12〜20)年　日中戦争
- 1941〜45(昭和16〜20)年　太平洋戦争

　このうち、日清戦争以降は政府の一般会計以外に戦費のための特別な軍事予算が編成され続けた。程度の差はあれ、たえず臨戦態勢下に置かれていたのである。日露戦争後、一般会計歳出に占める軍事費の割合は、ほぼ一貫して3分の1を占めるようになった。1937(昭和12)年の日中戦争から1941(昭和16)年の太平洋戦争までは35〜54%、太平洋戦争開始後は58〜70%にまで高まった(百瀬孝『事

典昭和戦前期の日本』283ページ）。

　1873（明治6）年には徴兵令が発せられ、1889（明治22）年公布の大日本帝国憲法でも「日本臣民は法律の定むる所に従ひ兵役の義務を有す」と定められた。

　1890（明治23）年10月に発布された明治天皇の「教育に関する勅語」（教育勅語）には「一旦緩急あれば義勇公に奉じ」(should emergency arise, offer yourselves courageously to the State)と書かれ、戦争になれば天皇のために命を捧げなければならないとする国家道徳が学校教育を通じて子どもたちに刷り込まれた。「教育勅語」は英語教科書にも何度も登場した。

　国家の教育方針を末端まで貫かせるために、政府は1886（明治19）年に初等・中等教育の教科書は文部大臣の検定を経たものとすると定めた。さらに1904（明治37）年度以降の小学校では、全国一律に文部省著作の国定教科書を使用することを原則とした。

　そうした状況において、英語教科書の中には、どのような〈戦争〉教材が盛り込まれたのだろうか。

日清戦争

　日清戦争（甲午戦争、1894-1895）は、朝鮮半島（李氏朝鮮）の支配権をめぐる近代日本初の本格的な対外戦争だった。清国の総兵力は日本の約4倍であり、その敵を敵地（アウェイ）に出向いて打ち破ったのだから、日本人自身が自らの力に驚いた。この戦争を通じて、日本人は初めて同じ「国民」としての一体感を味わい、日本は領土内の全住民をひとまとまりの「国民」として統合する「国民国家」になったのである。ただし、その「国民」の内実は、主権を持つ自由な公民（citizen）ではなく、天皇に従属する「臣民」(subject)だった。

　初期の文部省検定済教科書である神戸直吉著 *Kambe's English*

Readers 2（1897年3月24日検定済:中学）には、日清戦争に関する教材が掲載されている。まず第3課のA Soldier（兵隊さん）から見てみよう（図2-1）。

汽車で駅に到着したばかりの凱旋（がいせん）兵士（戦勝帰還兵）を、地元の人たちが万歳で出迎えている。少年もいれば老人もおり、みな正装している。兵士は無精髭が伸び、戦地での苦労が偲ばれる。中学2年用なので、本文は平易である。

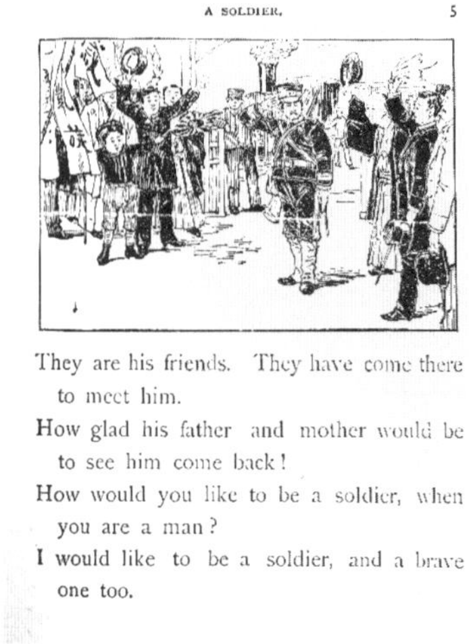
A SOLDIER. 5

They are his friends. They have come there to meet him.
How glad his father and mother would be to see him come back!
How would you like to be a soldier, when you are a man?
I would like to be a soldier, and a brave one too.

図2-1 日清戦争の凱旋兵士
（神戸直吉 *Kambe's English Readers* 2, 1897）

A SOLDIER.

Look at this picture.
It is the picture of a soldier.
How brave he looks!
His face is dark, and his eyes are bright.
He seems to have just come back from the war.
How long has he been away from home?
He has been away from home about ten months, and had to fight many battles for his country.
Who are those people that are standing before him?
They are his friends. They have come there to meet him.
How glad his father and mother would be to see him come back!
How would you like to be a soldier, when you are a man?

第2章　日清・日露戦争と「国民」の形成

> I would like to be a soldier, and a brave one too.
>
> ### 兵隊さん
>
> この絵をご覧なさい。
> 兵隊さんの絵ですね。
> 何と勇ましい姿でしょう！
> 顔は日に焼け、目は輝いています。
> 戦争から戻ったばかりなのでしょう。
> いつから故郷を離れていたのでしょうか。
> 約10ヶ月の間、故郷を離れて、お国のために多くの戦闘を闘って来たのです。
> 兵隊さんの前に立っている人たちは誰でしょう。
> お友達が会いに来たのです。
> 帰還した姿を見て、ご両親はどれほどお喜びになったことでしょうか。
> 大人になったら、兵隊さんになってはどうでしょう。
> 僕は、兵隊さんになりたいです、それも勇ましい兵隊さんにです。

　この教材は、冒頭でLook at this picture.と述べて生徒の意識を挿絵に集中させ、この絵を活用することで、なるべく日本語を介さずに英文の意味を理解させるように工夫されている。いわゆるEnglish through pictures（絵画を用いた英語指導法）の手法を用いた先駆的な教材である。まず具象的な描写で、絵から直接読み取れる内容について問答させている。その上で、兵士の出征の期間や、その帰還を喜ぶ両親の様子などといった、絵には描かれていない抽象的な事柄も想像させている。

　言語材料としては、疑問詞Howと感嘆文のHowとが交互に登場

し、両者の用法の違いを意識させようとしている。

凱旋兵士への共感を十分にかき立てたところで、最後に生徒と問答する。

「大人になったら、兵隊さんになってはどうでしょう。」
「僕は、兵隊さんになりたいです、それも勇ましい兵隊さんにです。」

☆

続いて、同教科書の第3巻を見てみよう。表紙を開くと、口絵がまず目に飛びこんでくる。2枚の戦争の絵である。いずれも日清戦争(1894-95年)の情景を描いている(図2-2)。

上の絵は、三角形の中国旗がはためく城壁前での壮絶な白兵戦。日本の旭日旗（きょくじつき）を掲げた陸軍兵士たちが、左側から銃剣をもって中国兵たちに襲いかかっている。

下は、中央に日本連合艦隊の旗艦「松島」が大きく描かれ、大砲を放った直後の砲煙が見える。これは1894(明治27)年9月17日の清国北洋艦隊との黄海海戦の様子である。この結果、北洋艦隊は「超勇」「致遠」「経遠」など5隻が沈没、6隻が大

図2-2　日清戦争の陸戦と海戦
(神戸直吉 *Kambe's English Readers* 3, 1897)

第2章　日清・日露戦争と「国民」の形成

破や中破という大損害を受け、中国は制海権を失った。こうして、戦争は日本側の圧勝に終わったのである。

日清戦争を題材にした第1課WAR（戦争）を読んでみよう。

WAR.

You all know well what war is, for it has been only about a year, since we had a great war against China.

You know that it was a struggle for the right against the wrong, and it was perhaps the noblest war that has ever been fought in the world.

Those who died in those battles, in the fight for our country, died a very glorious death; and our people will never forget their fame and names. How great and glorious our country has been in the eyes of the world, since the victory over that large Empire of China.

But you must not think only of our glory, and the fame of those victors.

Let us remember that wars are dreadful things. Hundreds and thousands of lives were lost in the late war, as you all know. Fathers fell leaving little children to mourn for them. Sons died who would perhaps help their parents in their old age.

Let me tell you that when your country needs you to fight against other country or countries, you must be so brave as to go through fire and water so as to die a glorious death, and thus to win glory for your country.

But it is not war alone that makes a country glorious. There is a surer and safer way to effect the same end—to win glorious battles in time of peace.

Boys and girls, fight bravely in the field of Science, and that will be the surest and safest way to make your country greater.

戦争

　ほんの1年ほど前に中国と大きな戦争をしたばかりなのだから、諸君は戦争がいかなるものかはご存じだろう。

　あの戦争は悪に対する正義の闘いであり、これまで世界で戦われてきたどの戦争よりも高貴な戦いだった。

　祖国のための闘いで戦死した人々は、たいへん名誉な戦死をとげたのである。我々国民は、彼らの名誉と氏名とを決して忘れてはならない。巨大な中華帝国に勝利して以来、我が国はどれほど偉大かつ高貴な国として世界の人々の眼に映っていることだろう。

　しかし、我が国の栄光と勝利者の誉れだけを考えてはいけない。

　戦争が恐ろしいものであることも記憶せねばならないのである。諸君がみな知るように、先の戦争では何百何千もの命が失われた。父は斃れ、残された幼い子どもたちは父を偲んで泣いている。老いた両親の面倒をみるはずだった息子たちも戦死した。

　もし祖国が敵との戦いに諸君を必要とするならば、たとえ火のなか水のなか、死を賭して勇敢に戦い、祖国の栄光のために殉じなければならない。

　しかし、戦争だけが祖国に栄光をもたらすのではない。平和な時代において栄光ある闘いに勝利するのと同じ効果をもたらすための、より確実で安全な方法もある。

　少年少女諸君、科学の領域で勇敢に戦え。それこそが、祖国をさらに偉大にするための最も確実かつ安全な方法なのである。

　この教材は日清戦争の約1年後に書かれたものであるから、生徒たちには戦争の情景が生々しく浮かんだことだろう。本文では、日

第2章　日清・日露戦争と「国民」の形成

清戦争の勝利によって日本の国際的地位が向上(great and glorious)したことを高らかに謳い、それをもたらした戦没者の栄誉を讃えている。

しかし、中盤ではガラリと内容が変わり、戦争の恐ろしさ、残された家族の悲惨さが描かれている。最後は、戦争のみによらず、「科学の領域で勇敢に戦え」と若者たちに呼びかけている。まことに重層的な読みものである。

なお、日清戦争における黄海海戦については、東京帝国大学英文科講師時代の夏目金之助(漱石)が校閲した開成館編輯所著 *New Century Choice Readers* 5(1905年4月25日検定済：中学・女学校)の第22課も The Naval Battle of Hai-Yang Island(海洋島沖の海戦)と題して掲載している(図2-3)。この教科書は日露戦争中に刊行されたから、生徒たちはロシア・バルチック艦隊との日本海海戦と重ね合わせて読んだことだろう。

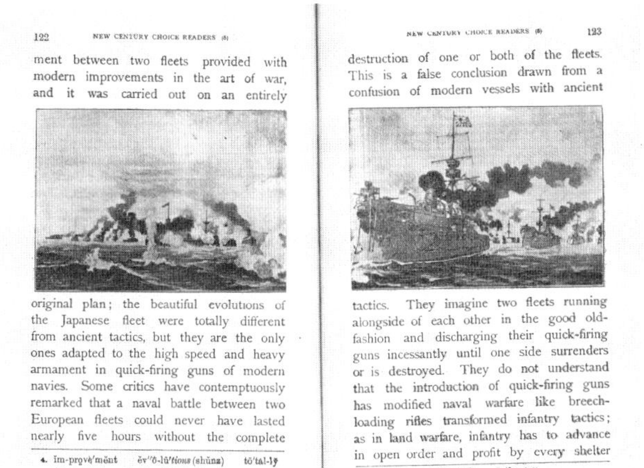

図2-3　日清戦争での黄海海戦
(夏目金之助校閲 *New Century Choice Readers* 5, 1905)

1895（明治28）年4月17日には日清講和条約（下関条約）が調印され、清国の朝鮮に対する宗主・藩属関係の解消、日本への遼東半島・台湾・澎湖列島の割譲、賠償金の支払い（清の歳入総額2年半分に相当する2億両［＝約3.1億円］）などが決まった。この賠償金をもとに、日本は官営八幡製鉄所を建設するなどして重工業化（第二次産業革命）を推進し、また京都に第二の帝国大学を設置するなど、国力の増進と教育制度の充実に努めた。

台湾の植民地化

　新たに領土となった台湾についても、先に取り上げた*Kambe's English Readers* 2（1897年検定済）は第37課TAIWAN（台湾）で次のように教材化している（抜粋）。

TAIWAN

　Taiwan, which is more widely known by the name of Formosa, is a large island, lying to the south-west of the Riukiu Islands. It is not far off from the south coast of China.

　It is much larger than Shikoku, but little smaller than Kiushiu. It was lately added to our empire.

　The island is very fertile, and it produces rich crops.

　Among the products, tea, sugar, and camphor are well known. Some of the sugar we use comes from the island.

台湾

　台湾（Taiwan）は、むしろフォルモサ（Formosa）という名で広く知られているが、琉球諸島の南西に位置する広大な島である。この島は、中国南岸からさほど遠くない沖合いにある。

第2章　日清・日露戦争と「国民」の形成

> 　面積は四国よりずっと広いが、九州より少し狭い。台湾は、近年になって大日本帝国の領土に加えられた。
> 　島の土壌はすこぶる肥沃で、農作物がたくさんとれる。
> 　生産物の中でも、茶、砂糖、樟脳（しょうのう）が有名である。我々が消費している砂糖の一部は台湾産である。

　平成の今日、文部科学省の検定を経て教科書が生徒たちの手元に届くまでには約4年かかるが、この *Kambe's English Readers* 2 は、下関条約による台湾領有からわずか2年足らずで文部省の検定認可を受けている。明治政府が初めて獲得した本格的な海外領土という意味で、日本人に与えたインパクトの大きさがうかがえる。
　そのことは、1900(明治33)年に検定認可を受けた『国語読本尋常小学校用　巻七』(冨山房（ふざんぼう）)の第22課に「琉球と台湾」という教材が載せられたことからもわかる。そこには次のように書かれている(抜粋)。

琉球と台湾

　台湾は、琉球より、更に、百四十海里も西南にある大島なり。もとは、支那の属島なりしが、明治二十八年以来、我が領地となれり。
　島の広さは、北海道の半なり。中央に、山脈ありて、地勢、自ら、東西の二部に分れたり。西部は、支那より渡れる者多く住み、東部には、昔より、此の地に在りし蕃人（ばんじん）住居す。蕃人は、未だ開けざる無知の民にして、性質あらあらしけれども、おひおひは、我が国風に化せられて、よき民となるべし。

このように、台湾の少数民族を「蕃人」として見下す視線で教材化されている。差別はさらにエスカレートする。文部省著作の第一期国定教科書である『高等小学読本　四』(1903)の第16課「生蕃」では、差別的な階層化が一段と進められている。

> **生蕃**
>
> 　台湾の蕃人の中にて、支那の風に化せられて、やや開けたるものを熟蕃(じゅくばん)といひ、なほ、大いに野蛮なるものを生蕃(せいばん)といふ。
>
> 　生蕃は、多くは、山地に住めども、また、東部の平地に住むものあり。山地に住むものは、平地に住むものよりも、いっそー野蛮なり。

　1903(明治36)年に大阪で開催された第5回内国勧業博覧会では「学術人類館」が設置され、アイヌ、台湾の高砂族(生蕃)、沖縄、朝鮮、中国(清国)、インド、ジャワ、ベンガル、トルコ、アフリカなどの人々に民族衣装を着せて生活の様子を見せるという展示を行った。ところが、沖縄県や清国から抗議を受け、問題となった(人類館事件)。

　こうして台湾が日本の領土になると、そこに住む人々が「日本国民」に組み込まれた。しかし、ここでやっかいな問題が起こった。「未だ開けざる無知の民」である「蕃人」までをも「日本国民」として抱え込んでしまったというジレンマである。

　第1章で見てきたように、明治政府の悲願は、文明発展5段階のうちの3(半文明人)に甘んじている日本人の地位を、いかにして西洋人レベルの4や5に引き上げるかであった。ところが逆に、評価1ないし2の野蛮人ないし未開人である「蕃人」が日本国民の枠内に入ってきたのである。こうして日本政府は統治に反抗的な「生蕃」

に対しては武力弾圧を加え、他方で教育を行うなどのアメとムチの理蕃政策を実施していくのである(台湾総督府民政部蕃務本署『理蕃概要』1913)。

なお、日本の北方に目を転じると、1899(明治32)年に政府は「北海道旧土人保護法」を制定し、アイヌ民族を「旧土人」と格付けした。しかし、保護とは名ばかりで、実際には土地の没収、漁業・狩猟の禁止、固有の風俗習慣の禁止、日本語使用の強制、日本風氏名への改名と戸籍編入などの同化政策を実行した。

では、英語教科書はアイヌをどう描いたのだろうか。佐々木文美著 *A Text-Book of English Composition*(1905年3月14日検定済：中学)の下巻の第2章第5課には「『アイヌ』種族の飲食」という英作文教材が載っている。

「アイヌ」種族の飲食

「アイヌ」種族の飲食は魚介鳥獣の肉を主食物となし、交ふるに草根木実を以てし、稀に米、麦、野菜を用ふることあり、而して食するに時を選ばず、又久しく飢に堪ふ、殊に酒を嗜むこと甚だしく、乱飲連日に亙ることあり。

このように、日本人のアイヌ民族への差別感を形成することに英語教育も一役買っていたのである。

アイヌ差別は遠い昔のことではない。北海道旧土人保護法が廃止されたのは、制定から1世紀以上たった1997(平成9)年。アイヌ民族を先住民族として認める国会決議がなされたのは、21世紀に入った2008(平成20)年であった。

黄禍論

　日清戦争の勝利によって日本が躍進すると、ロシア・ドイツ・フランスが遼東半島を清に返還するよう求めた三国干渉を正当化するために、黄禍論(おうかろん)(Yellow peril)を流布した。これは、19世紀後半から20世紀前半にかけて欧米やオーストラリアなどの白人国家に広がった差別に満ちた黄色人種脅威論である。日露戦争で日本がロシアに勝利すると、さらに白人社会に広まった。日本人などの移民を制限するために1924(大正13)年にアメリカで施行された「排日移民法」などにも、黄禍論の影響があったとされる。

　この黄禍論についても、明治期の英語教科書は取り上げていた。神田乃武(ないぶ)著 *Kanda's New English Readers: Fifth Year Course*(1907年3月11日検定済：中学)の第22課 The Advance of the Yellow Race(黄色人種の躍進)では、次のような記述が見られる。

The Advance of the Yellow Race

Because a branch of the yellow race is now carrying on a successful war on sea and land against one of the white nations of the West, it is supported by some that, if finally successful, one result will be an armed advance of the whole yellow race against the white, — and this has been called "the yellow peril." The "advance" of the yellow race to which I propose to draw attention is not an armed advance, the result of a victory to Japan in the present war with Russia, but an advance which is the inevitable result of an evolution of races that has been going on almost since man first appeared on this earth. As regards the present war, it must be remembered that the white race, as represented by Russia, is the aggressor; Japan is on her defence, fighting for her life and national existence.

第2章　日清・日露戦争と「国民」の形成

> At the dawn of history the races inhabiting this earth may be divided by colour distinctions into five groups, — "red," "white," "yellow," "black," and "brown." The evolution of mankind involves a struggle between these groups for possession of the world, the fittest surviving.
>
> ### 黄色人種の躍進
>
> 　西洋の白人国家の一つを敵に回した陸戦と海戦で、黄色人種の一部が勝利を収めつつある。もし勝利で終わったならば、白人を相手に黄色人種全体が武力進出するのではないか、このような意見を支持する人たちがいる。この考えは「黄禍論」と呼ばれている。しかし、黄色人種の「躍進」について注意すべきなのは、日露戦争で日本がロシアに勝利するような武力進出のことではない。「躍進」は、民族が進化をとげた必然的な結果であり、この進化は人類が地球に登場して以来続いている進化と同じことなのだ。日露戦争に関して忘れてならないのは、ロシアに代表される白人が侵略者であり、日本は国家の存亡を賭けて侵略者を迎え撃ったということである。
>
> 　歴史の黎明期においては、この地球に住む人類を肌の色の違いによって「赤色」「白色」「黄色」「黒色」「褐色」の5つに大別できよう。人類の進化に伴って、領土をめぐる人種間の争い、すなわち弱肉強食の生存競争が起こるのである。

　最後の部分では、肌の色による人種の5分類が行われている。第1章で紹介した19世紀の『ミッチェル地理書』の時代の認識とほとんど変わらない。その上で、「人類の進化に伴って、領土をめぐる人種間の争い、すなわち弱肉強食の生存競争が起こる」という一種の社会ダーウィニズム的な戦争宿命論が展開されている。こうした

53

思想は、日露戦争を正当化し、軍備拡張や植民地再分割戦争を正当化する上で利用価値があった。

日露戦争

　下関条約(1895年)の直後に、ロシア、ドイツ、フランスが日本に対して遼東半島の清への返還を要求し(三国干渉)、以後日本は対ロシア戦争に備えて耐え忍ぶ「臥薪嘗胆」の時期を迎えることになる。このとき、日本は対ロシア政策で利害の一致するイギリスと1902(明治35)年に日英同盟を結んだ。

　日露戦争前年の1903(明治36)年6月には、東京帝国大学などの7人の教授が「七博士意見書」を政府に提出し、桂太郎内閣の対ロシア協調外交を軟弱であると糾弾、朝鮮・満州での日本の勢力圏確保のためにロシアに対する武力強硬路線への転換を迫った。これが新聞で報じられるや世論は沸騰し、主戦論に大きく傾いた。メディアもこれを煽り、政府の「弱腰外交」を批判する世論が形成されていった。

　当時、東京での最大発行部数を誇っていた『萬朝報』の創刊者・黒岩涙香は、当初は日露戦争の開戦に反対だったが、開戦論に傾いた世論に迎合し、主戦論に転じた。そのため、非戦論を貫く幸徳秋水、堺利彦、内村鑑三が退社、幸徳と堺は新たに週刊『平民新聞』を1903(明治36)年11月から発行し、「平民主義・社会主義・平和主義」の立場から非戦論を展開した。新聞の第1面には英文欄を設け、敵国ロシアをはじめ世界に情報を発信し、人民の国際的な連帯を訴えた。日露戦争まっただ中の1904(明治37)年8月には、オランダに世界の社会主義者が結集した第二インターナショナルの大会の壇上で、日本代表の片山潜とロシア代表のプレハーノフとが固く握手を交わし、資本家と帝国主義こそが万国の労働者の敵であると

第2章　日清・日露戦争と「国民」の形成

するプロレタリア国際主義を訴えた。

　しかし、1904(明治37)年2月に政府が日露戦争に踏みきると、非戦論と社会主義運動の拠点だった『平民新聞』は相次ぐ弾圧を受けるようになり、1905(明治38)年1月の第64号で廃刊となった。発行元の平民社も、同年10月に解散を余儀なくされた(荒畑寒村『平民社時代』)。

　こうした公然たる反戦活動が教科書に掲載されることはありえなかった。逆に、日露戦争直後には日本軍の活躍を賞賛する英語教材が格段に増えた。まず、1冊丸ごと日露戦争を扱った英語副読本としては、次の5冊が中学校用として文部省の検定認可を受けている。

○玉真岩雄著 *The Battle of the Japan Sea.* 田村奈良吉、1906年3月1日検定済
○玉真岩雄著 *The Reminiscences of the Russo-Japanese War.* 興文社、1907年4月15日検定済
○東郷吉太郎著・高楠順次郎訳 *The Naval Battles of the Russo-Japanese War.* 安藤兎毛喜、1907年12月11日検定済
○鹿島長次郎著 *The Russo-Japan War, Land Battles of 1904-1905.* 興文社、1908年8月1日検定済
○鹿島長次郎著 *The Russo-Japan War, Naval Battles of 1904-1905.* 興文社、1908年8月1日検定済

　日露戦争後に急増した〈戦争〉教材は男子の中学校用にとどまらず、高等女学校用や高等小学校用の教科書にも及んだ。たとえば、高等小学校用の英語教授研究会編 *New Imperial Readers for Primary Schools* 1(1907年1月10日検定済)では、子どもたちの戦争ごっこを題材に、簡単な単語の発音練習を行わせている(図2-4)。海軍水兵にコスプレした先頭の子どもは日の丸を大きく掲げ、おもち

4.

hat　　flag　　arch　　march

ハット　　フラフ　　アーチ　　マーチ

図2-4　小学校教科書の「戦争ごっこ」
(英語教授研究会 *New Imperial Readers for Primary Schools* 1, 1907)

ゃの大砲を引いている。子どもたちの背後には凱旋門が描かれ、日露戦争の戦勝気分を演出している。

　日本最初の高等女学校用英語教科書である武田錦子著 *Girls' English Readers*(女子英語読本)は、日露戦争前の1902(明治35)年の4月7日に文部省の検定を受けている。その第1巻には戦時色はほとんどなかった。ところが、日露戦争後の1907(明治40)年4月4日検定済の改訂版では内容が一変し、9編もの〈戦争〉教材が盛り込まれた。巻頭の口絵にも日本の戦艦が描かれている(図2-5)。その第34課(図2-6)もまた「戦争ごっこ」である(全文；下線は原文)。

Lesson 34〔戦争ごっこ〕

There was a great war in China.
Let us march.　Play a march.
It is March now.
Don't beat him.
Keep your drum in the box.
Taiko was a brave general.
Soldiers fight.
We love the Hinomaru flag.

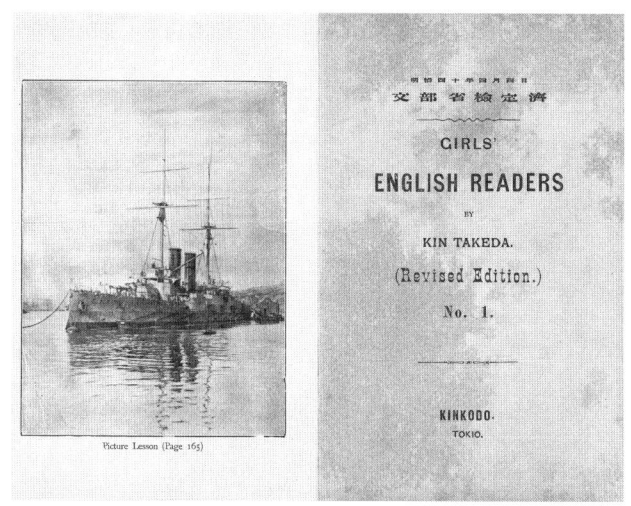

第2章　日清・日露戦争と「国民」の形成

図2-5　女学校教科書の口絵に軍艦
（武田錦子 *Girls' English Readers: Revised Edition* 1, 1907）

図2-6　女学校教科書にも「戦争ごっこ」
（武田錦子 *Girls' English Readers: Revised Edition* 1, 1907）

Let us play war.
That will be fun!
Where are the flags and the drum?
They are in the toy-box in my room.
Go and bring them.
Boys, you are all soldiers ; you may march with your guns and flags.
I am a general, a brave general, too.
Goro, you may beat the drum.
Now, go on! March! one two, one two, Rub-a-dub! Rub-a-dub!
O dear, you don't keep time at all.
This room is too small. Let us march out.

〔戦争ごっこ〕

中国で大きな戦争がありました。
行進しましょう。進軍ごっこをします。
今は3月です。
バチでお友達を叩いてはだめですよ。
太鼓は箱にしまっておきなさい。
太閤〔豊臣秀吉〕は勇敢な武将でした。
兵隊さんは戦います。
私たちは、日の丸の旗が大好きです。

戦争ごっこをしましょう。
きっと面白いですよ。
旗と太鼓はどこでしょう？
お部屋のおもちゃ箱の中です。

第2章　日清・日露戦争と「国民」の形成

> 取りに行きなさい。
> 男の子は兵隊さんです。鉄砲と旗を担いで行進しなさい。
> 僕は将軍で、しかも勇敢な将軍です。
> 五郎は太鼓を叩きなさい。
> さあ進め、行進だ。イチニ、イチニ。タンタカ、タンタカ。
> あれあれ、歩調がぜんぜん揃っていませんよ。
> この部屋は狭すぎます。お外に出て行進しましょう。

このように、躍動感のある英語で、子どもたちが太鼓を打ち鳴らしながら行進する風景を描いている。女子用読本なのに、女子は出てこない。

この課の本文の下には、次のような英作文問題が付けられている。

> **Write in English**
> 1. あなた方の大将は誰ですか
>   我々の大将は勇敢な大山〔大山巌(いわお)〕大将です
> 2. 兵士は剣と鉄砲持ちて進み且(か)つ戦ひます
> 3. 此(この)鉄砲は村田銃です
> 4. 我々日本人は皆日の丸の旗を愛します
> 5. 叔父は来る三月頃北京へ参ります

これ以外にも、この女子英語読本は「乃木大将は其(その)愛児二人を戦争で失はれました。」や「我々の国の為めに戦ふは我等の義務です。」といった英作文問題を盛り込んでいた。

男性だけでは戦争はできない。女性が銃後の守りを固め、母親が息子を軍隊に差し出す覚悟が必要である。「良妻賢母」教育を進め

た高等女学校の英語教育は、そうした「軍国の母」を育てる役割をも担っていたのである。

井上十吉の*Inouye's New English Readers* 5（1913年1月11日検定済：中学）には、第27課と第28課にThe Battle of Nanshan（南山の戦い）が掲載されている。その戦闘描写は生々しい。南山の戦いは、1904（明治37）年5月に、中国東北部（満州）の南西に突き出た遼東半島の最も狭い部分にある南山付近で行われたロシア軍と日本軍との激闘である（図2-7）。

図2-7　遼東半島・南山の戦い
（井上十吉 *Inouye's New English Readers* 5, 1913）

日清戦争に勝利した日本は、下関条約で遼東半島を清から割譲させたが、ロシア・ドイツ・フランスの三国干渉によって返還を余儀なくされた。ところが、ロシアは遼東半島の旅順・大連の租借権と、南満州支線の鉄道敷設権を得て、軍港や鉄道を建設し、旅順には要塞を建設した。日本政府は腹を立てた。同じことを狙っていたからである。こうして、この地は日本とロシアの因縁の対決の場となるのである。

日本陸軍は南山の戦闘で、大砲と機関銃をかまえる近代的なロシア軍陣地に正面攻撃を敢行した。そのため、たった1日で日清戦争の全死傷者に匹敵する4,300人もの死傷者を出したのである。かろうじて勝利した後に、半島先端の旅順要塞に陣取るロシア軍との

戦闘へと進む。ここでも日本軍はおびただしい犠牲を払いながら、203高地を奪取し、旅順を陥落させた。その203高地も旅順攻略も英語教材になった。

日本海海戦

　日露戦争の命運を決する一大決戦が、1905(明治38)年5月27日から28日にかけて対馬沖で行われた。日本海海戦である。この戦いで、東郷平八郎大将が率いる日本の連合艦隊は、ロジェストヴェンスキー中将が率いるロシアのバルチック艦隊を壊滅させた。ロシア側の損害は、戦艦6隻を含む16隻が撃沈、5隻が自沈、中立国抑留が6隻で、戦死者4,830名、捕虜6,106名に達した。これに対して、日本側は小型の水雷艇3隻が沈没しただけで、戦死117名、戦傷583名という世界の海戦史上まれに見る一方的な勝利だった。

　日本海海戦は日本中を熱狂させた。それと同時に、アジアの小国と見なされていた日本がヨーロッパの大国ロシアを破ったことに、世界が驚いた。

　当然ながら、日本海海戦は英語教科書にもよく取り上げられた。たとえば、塩谷栄著 *English Composition for Secondary Schools* 3(1917年12月8日検定済：師範・中学)の第7課 The Battle of the Japan Sea(日本海海戦)では、まず海戦に関する対話例文を提示

図2-8　ロシア艦隊を破った日本海海戦
(塩谷栄 *English Composition for Secondary Schools* 3, 1917)

し、そこでの英語表現を活用して英作文課題を解く構成になっている（図2-8）。そうした教材の流れを見るためにも、この課の全体を紹介しよう。なお、この英作文教科書は、当時の中学校5年生用（現在の高校2年の学齢）の教材である。まずは対話例文である。

THE BATTLE OF THE JAPAN SEA

How is the 27th of May long remembered?
　　As the anniversary of the Battle of the Japan Sea.
The Russian Fleet was utterly defeated by the main squadron of Japan in the battle, wasn't it?
　　So it was.
Where had the Russian Fleet come from?
　　From the Baltic Sea to reach the port of Vladivostok.
It had had a long way to come, hadn't it?
　　Yes, it had, indeed.
Where and when did the two fleets meet?
　　In the north of Tsushima Strait, at two in the afternoon.
How many ships did the Japanese squadron consist of?
　　Four battleships and eight armoured cruisers.
How many had the Russians?
　　Eight battleships, three armoured cruisers, and three coast-defence ironclads.
Who commanded the Japanese squadron?
　　Admiral Togo was in command.
What did he do on sighting the Russian Fleet?
　　He gave the order for all his ships to go into action.
What was the famous signal he gave soon?
　　"The fate of the Empire depends upon this event. Let every man do his utmost!"
In what ship was this run up?
　　In his flagship *Mikasa*.

What was the result of the engagement?
>It is well known to us. Nearly all the Russian ships were either sunk or captured.

How was it about the Japanese ships?
>None of them was completely put out of action.

日本海海戦

5月27日は何の日として、長く記憶されるでしょうか？
>日本海海戦の記念日としてです。

ロシア艦隊は、日本連合艦隊の主力に完敗したのでしたよね？
>その通りです。

ロシア艦隊は、どこから来たのですか？
>バルト海を通って、ウラジオストク港に向かっていました。

長距離の航海だったのですよね？
>本当に長い航海でした。

ロシア艦隊と連合艦隊は、いつどこで相まみえたのですか？
>場所は対馬海峡の北で、時刻は午後2時でした。

連合艦隊の編成はどうだったのですか？
>戦艦4隻と、装甲巡洋艦8隻でした。

ロシア艦隊の方は、どうだったのですか？
>戦艦が8隻、装甲巡洋艦が3隻、海防艦が3隻でした。

連合艦隊の指揮を執っていたのは誰ですか？
>東郷司令長官でした。

ロシア艦隊を発見した際に、司令長官はどうしましたか？
>全艦に戦闘開始を命じました。

司令長官が送った有名な合図は何でしたか？
>「皇国ノ興廃コノ一戦ニ在リ。各員一層奮励努力セヨ。」でした。

> その合図を掲げた艦船は何ですか？
> 　　旗艦三笠でした。
> 交戦の結果はどうでしたか？
> 　　皆がよく知っています。ロシア艦隊の大部分が撃沈あるいは捕獲されました。
> 我が連合艦隊の方はどうだったのですか？
> 　　完全に戦闘不能となった艦船は一隻もありませんでした。

　以上の対話例文を活用して、続く練習問題Aでは日本海海戦に関する自由英作文を課している。続くBは和文英訳10題（英文のヒントも原著のまま）で、この課全体を通して日本海海戦の全体像がわかるように構成されている。なお、日本海海戦は海軍兵学校（海兵）や海軍機関学校（海機）が好んで入試に出題したネタで、この教科書はそれらの入試問題も盛り込んでいる。問題末尾に記されている〔39海機〕は、海軍機関学校が日露戦争の翌年の明治39（1906）年に出題した問題という意味である。ただし、実際の入試問題には英語の補注は付いていない。

> （続き）
>
> **EXERCISE A**
>
> *Write a composition on the Battle of the Japan Sea, based on the above conversation.*
>
> **EXERCISE B**
>
> 1. 露国艦隊が我が主力艦隊の近くにあるといふことを知ったのは、五月二十七日の午後一時半頃であった。

第2章　日清・日露戦争と「国民」の形成

> 2. 露国の軍艦は二縦列に平行して（parallel columnsにて）十二ノット（knots）程［の速力］で走っていた。
> 3. 露国司令官（Commander）は東或は東北より攻撃［せらるること］を期待して、最新の戦闘艦四艘を右の縦列に置いた（に形づくった）。
> 4. 霧は幾分か（somewhat）上ったが、その時は海が荒かった。
> 5. 露西亜側（露西亜人たち）は九千ヤード〔約8.2km〕位で大砲を開いたが、日本側は最初は応じなかった（応答をしなかった）。
> 6. 六千ヤード〔約5.5km〕射程（range）以内に来て、日本艦隊は猛烈なる（tremendous）砲火を開いた。
> 7. 最初の砲火（砲弾─shot）が三笠より発せられたるは、五月二十七日午後二時過であった。〔39海機〕
> 8. 我が艦隊の死傷（casualities）は極めて少数で（少く）千人に達せぬ（より少き）やうに聞きました。〔39海機〕
> 9. 八箇月余の間幾多の困難と戦ひて漸く極東（the Far East）に達することを得たバルチック艦隊は、日本海の海戦に於て僅か二日の間に脆くも（容易に）全滅を遂げた（annihilateされた）。〔38海兵〕
> 10. 此の海戦にて三十八艘の敵艦中ただ二艘若くは三艘のみが首尾よくウラヂオストックに着きました。〔39海機〕

　次に読解教材を見てみよう。佐川春水著 *New Star Readers* 4（1930年4月11日検定済：中学）の第13課と第14課にまたがるThe Battle of the Japan Sea（日本海海戦）では、実に17ページを割いて日本海海戦を取り上げている。中学4年生用だから現在の高校1年生に相当する学齢だが、英文のレベルが高度であることに気づかれるだろう。

本文はバルチック艦隊のロシア出港から始まるが、ここでは山場となる戦闘シーンを読んでみよう。簡潔にして力強い文体で、戦闘を生々しく伝えている（抜粋）。

The Battle of the Japan Sea

　A little after 2 p.m. the Russians opened fire from the ship at the head of their line. The range was too great, and as yet the Japanese made no reply. The main Japanese fleet closed fast on the Russian fleet, but did not fire till the range had fallen to about four miles when six trial shots were discharged. Three of these hit the Russian ships, one, according to the stories of Russians who survived the battle and were taken prisoners, striking the conning-tower of the *Oslabia* and killing Admiral Folkersam inside it. From that moment the Japanese heavy ships maintained a slow and steady fire upon the Russian battleships, which replied with a rapid but miserably directed cannonade.

　The first Russian battleship to sink was the *Oslabia*. She went to the bottom soon after 3 p.m. The *Borodin* was also disabled and set on fire ; the *Suvaroff* before 5 p.m. is said to have been on fire. She was abandoned in the early evening, Admiral Rodjestvensky, who was wounded in the head, being transferred to a destroyer. The command was transmitted to Admiral Niebogatoff in the *Nicolai*.

　The Russian fleet was now a mere mob of ships circling round and round the helpless transports, under a storm of shells from the Japanese, who, steaming with much higher speed outside the Russian circle, from their three large squadrons poured into the enemy a deadly fire at ever decreasing range.

日本海海戦

　午後2時少し過ぎ、バルチック艦隊先頭の艦船が砲撃を開始、しかし遠すぎて命中には至らず。この時点で日本軍は応戦せず。連合艦隊主力は、ロシア艦隊に急速に接近、距離を4マイル〔6.4km〕に詰めてから6発を試射。うち3発がロシア艦船に命中。捕虜となったロシア水兵の話では、そのうちの1発が、戦艦オスリャービアの司令塔に着弾し、内部にいたフェルケルザム少将が死亡。これ以降、連合艦隊の重装備艦船がロシア戦艦に執拗で着実な砲撃を継続、ロシア側は即座に連続砲撃で応戦したが、発射方向はひどく的外れ。

　最初に沈没したロシア戦艦はオスリャービアで、時刻は午後3時少し過ぎ。戦艦ボロジノは戦闘能力を失い、火災が発生。戦艦スヴォーロフでも午後5時前に火災が発生。スヴォーロフはほどなく放棄され、頭部に重傷を負ったロジェストヴェンスキー中将は別の駆逐艦に移送。艦隊の指揮権は、戦艦ニコライのネボガトフ少将に委譲。

　ロシア艦隊は統率不能となり、連合艦隊による砲撃の嵐の中で無力な回頭を続けるのみ。連合艦隊は速度を大きく上げて、ロシア艦隊の外周を航行し、三つの大艦隊からは敵艦に向けて至近距離からとどめを刺す砲火が浴びせられた。

日露戦争の英雄像

　日露戦争の勝利によって日本の陸海軍の威信が大いに高まり、様々な軍人を英雄として讃える教材が登場した。そうした英雄像は、若者たちに軍人へのあこがれをかき立てた。

　たとえば、長州藩出身で強力な陸軍閥を率いた山縣有朋(1838

図2-9
乃木希典(左)と東郷平八郎(右)
(豊田實 *New Graduated English Readers* 4, 1931)

図2-10
乃木大将を題材にした英作文教材
(武信由太郎 *New School Composition* 3, 1913)

〜1922)は、神田乃武著 *Kanda's New English Readers : Fifth Year Course*(1907年3年11日検定済:中学)の第4課と第5課の The Japanese Moltke(日本のモルトケ)に登場する。「近代ドイツ陸軍の父」と呼ばれたモルトケ(Helmuth Karl Bernhard Graf von Moltke, 1800〜1891)は、プロイセン(ドイツ)の参謀総長を務め、デンマーク、オーストリア、フランスとの相次ぐ戦争を勝利に導いてドイツの統一に貢献した。この教材は、山縣をモルトケ並の偉大な軍人だというのである。また、総理大臣経験者の伊藤博文(1841-1909)をドイツの宰相ビスマルクにたとえ、さらに日露戦争において満州軍総参謀長を務めた児玉源太郎(1852-1906)を作戦立案の「本当の頭脳」(the real brain)だと賞賛している。

第2章　日清・日露戦争と「国民」の形成

　しかし、英語教科書に頻繁に登場した二大英雄といえば、陸軍の乃木希典(1849-1912)と、海軍の東郷平八郎(1848-1934)だった(図2-9)。
　とりわけ乃木希典を扱った教材は多い。たとえば、武信由太郎著 *New School Composition* 3(1913年2月10日検定済：師範・中学)では、第35課The Late General Nogi(故乃木大将)で乃木の伝記と武勲に関する英作文課題を3ページにわたって載せている(全文)。なお、英語のヒントも原著のままである。

THE LATE GENERAL NOGI

1. 乃木大将は山口藩(a clan)士(*a samurai*)乃木希次氏の長男にして、嘉永二年十一月十一日に生れ、維新(the Restoration)の際功労あり。後、陸軍に入り、明治四年陸軍少佐(a major)となり、西南戦争(the Satsuma Rebellion)の当時、熊本鎮台(a Garrison)の第十四連隊(a Regiment)長(A Commander)として、谷少将(a Major-general)と共に籠城(the besiege)して苦闘せり。

2. 日清戦争(the Sino-Japanese War)の時には、第一旅団(a Brigade)長として旅順(Port Arthur)攻撃に向ひ、大いに戦功を立て、戦後台湾(Formosa)総督(the Governor-General)に任ぜられ、男爵(Baron)を授けられたり。

3. 日露戦争(the Russo-Japanese War)には、陸軍大将として歩兵(Infantry)第十一旅団長、近衛(the Imperial Guard)歩兵第二旅団長、第二師団(a Division)長となり、戦功あり。

4. 殊に第三軍(an Army)司令官(a Commander)として難攻不落(impregnable)の称ある旅順港の包囲攻撃(an enveloping

attack)をなし、遂に開城せ(to surrender)しむるに至りたるは、世界歴史に特筆大書せらるる(to be written in large letters)処(ところ)なり。

5. しかもその戦役中、長男勝典(かつすけ)、次男保典(やすすけ)の二子を失ひ、凱旋(to return in triumph)の時に二愛児の遺骨(remains)を抱きて帰りしことは、世人の熟知する処なり。

6. 戦功により勲一等(1st Order of Merit)功一級(1st Order of the Golden Kite)に叙せられ、後に学習院(the Peers' School)長に任ぜられしが、大正元年九月十三日午後八時、明治天皇御大葬の夜、御輀車(じしゃ)(the Imperial Hearse)宮城(きゅうじょう)〔皇居〕御出門(しゅつもん)の号砲をききて、自刃(じじん)せり。

　英文法教科書でも、たとえば深澤由次郎著 *New Ideal Course* (1926年5月13日検定済:女学校)は「私共は愛国者乃木大将を尊敬します。」という和文英訳問題を載せている。

　読本では、たとえば石川林四郎・石黒魯平(ろへい)著 *The New Pacific Readers* 5(1926年1月22日検定済:師範・中学)の第9課で、乃木希典を海外に英語で紹介したウォッシュバーン(Stanley Washburn)の *Nogi: A Great Man Against A Background of War* を抜粋して載せている。なお、この本は、太平洋戦争末期の1944(昭和19)年6月にも大東亜出版から発行されている。同社の代表は旺文社を設立した赤尾好夫で、戦後はGHQ(連合国軍最高司令官総司令部)から戦犯に指名された。

　乃木の殉死後、乃木神社が各地に建てられ、乃木は軍神として崇められた。ただし、頑強な陣地を構築して大砲や機関銃を備えたロシア軍に向かって、乃木は歩兵を正面から突撃させる無謀な戦法を繰り返したため、約半年間の攻撃の間に参加兵員約13万人のうち

第2章　日清・日露戦争と「国民」の形成

実に5万9千人の死傷者を出した。今日、乃木の作戦指揮に対しては厳しい批判もある。

天皇の権威

　日清・日露戦争の勝利は、軍人だけでなく、日本陸海軍の最高統帥者である天皇の権威を飛躍的に高めた。軍のトップに立つ天皇の姿は「観兵式」（military review）などの教材の中で英語教科書にも何度も取り上げられた。

　高等小学校用（学齢12〜14歳）の国定教科書である*The Mombushō English Readers for Elementary Schools* 3（1910年4月23日発行）の第24課はThe Emperor's Birthday（天長節）で、白馬に乗った明治天皇が観兵式に臨んでいる様子が描かれている（図2-11）。

図2-11　天長節と観兵式
（文部省 *The Mombushō English Readers for Elementary Schools* 3, 1910）

The Emperor's Birthday

1. Do you know how many national holidays we have?
2. I think we have ten.
3. Why do we celebrate the third of November?
4. Because it is the Emperor's birthday.

5. What takes place on this national holiday?
6. A military review takes place on that day.
7. Does the Emperor himself review the troops?
8. O yes, he does it in person, unless he is prevented by something unavoidable.
9. On this day all high officials, nobles, and foreign ambassadors and ministers go to the Palace to congratulate the Emperor.
10. The Emperor receives them in audience and invites them to the feast.
11. On the evening of that day, the Minister of Foreign Affairs gives a ball to the distinguished foreigners as well as natives who are in Tōkyō and Yokohama.
12. Long live the Emperor!
13. Let us sing "Kimi-ga-yo" at the top of our voice.

天長節

1. 祝祭日は何日あるか知っていますか？
2. 10日だと思います。
3. 11月3日は、どうして祝日なのでしょうか？
4. 天長節だからです。
5. 当日は何が行われますか？
6. 観兵式が挙行されます。
7. 天皇陛下御自ら、閲兵なさるのですか？
8. もちろんです。やむをえないご事情がない限りは、ご自身で閲兵なさいます。
9. 当日は、すべての高官、華族、各国の大使や公使が宮城に伺って拝賀申し上げます。
10. 陛下は来訪者に謁見され、祝宴に招かれます。

第2章　日清・日露戦争と「国民」の形成

> 11. 晩には、外務大臣が舞踏会を催し、高名な外国人に加えて、東京や横浜に住む日本人も招待します。
> 12. 天皇陛下万歳！
> 13. 声高らかに「君が代」を歌いましょう。

明治天皇の誕生日（天長節）である11月3日は、大正以降は「明治節」、戦後は「文化の日」となった。そのため、大正期に発行された塩谷栄著 *New Language Readers* 2（1922年1月26日検定済：師範・中学）の第30課では、「天長節」としてではなくThe Military Review（観兵式）と題して天皇の威光を描いている。馬上で閲兵する天皇の構図は明治期の文部省英語読本（前述）にそっくりだが、第一次世界大戦後の新時代を反映して、上空には新兵器の飛行機が飛んでいる（図2-12）。

LESSON XXX

THE MILITARY REVIEW

A. Hullo! Where are you going in such a hurry this morning?
B. I am going to see the Military Review.
A. Will His Majesty the Emperor be present?
B. Yes, as Generalissimo, he will be there.
A. How many soldiers will take part in the Review?

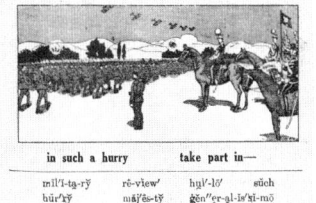

図2-12　天皇による観兵式
（塩谷栄 *New Language Readers* 2, 1922）

THE MILITARY REVIEW

A. Hullo! Where are you going in such a hurry this morning?
B. I am going to see the Military Review.
A. Will His Majesty the Emperor be present?
B. Yes, as Generalissimo, he will be there.
A. How many soldiers will take part in the Review?

B. About 10,000 altogether.
A. How many regiments will be present?
B. Ten Infantry Regiments, one battery of Artillery, four squadrons of Cavalry, three companies of Engineers, and half a company of the Commissariat Corps.
A. It will be a fine sight; let us go together.
(They enter parade ground.)
B. What a crowd of people!
A. Listen, the buglers are playing the march past.
B. Look, how each company salutes as it passes the Emperor!
A. What a grand sight it is!

観兵式

A: やあ、そんなに急いで今朝はどこに行くんだい？
B: 観兵式を見学に行くんだよ。
A: 天皇陛下はご臨席なさるの？
B: もちろん、大元帥としてご臨席なさるよ。
A: 観兵式に参加する兵隊さんは何人でしょう？
B: 合計で約1万人です。
A: 連隊はどれくらい参加するのでしょう？
B: 歩兵10連隊、砲兵1中隊、騎兵4大隊、工兵3中隊、輜重兵半中隊です。
A: 素晴らしい光景になると思うよ。一緒に行こう。
（観兵式場に入る）
B: 何と大勢の人だろう！
A: 聞こえるかい、行進曲を吹奏しながら楽隊が通っていくよ。
B: ごらんよ、天皇陛下の前を通るときには、皆が敬礼するよ！
A: 何と雄大な光景だろう！

第2章　日清・日露戦争と「国民」の形成

　天皇・皇后の写真である御真影が各学校に配付されるようになったのは1910年代である。天皇の神格化と絶対化は、1930年代の軍国主義と軍拡が進む時期に一段と強められた。御真影を収める奉安殿が各学校に盛んに設置されるようになるのは1930年代半ば頃からである。四大節(四方節、紀元節、天長節、明治節)の祝賀式典では、教育勅語の奉読と、教職員・児童生徒の全員による御真影への最敬礼が求められた。奉安殿の前を通る際に最敬礼を忘れたために、子どもが教師からなぐられることもあった。

　皇太子時代の裕仁親王(のちの昭和天皇)は、1921(大正10)年3月から9月にかけて、日本の皇太子として初めてヨーロッパを訪問した。驚くことに、このニュースはさっそく翌年の英語教科書で教材化されている。塩谷栄著 *New Language Readers* 5(1922年1月26日検定済：師範・中学)第10課のThe Crown Prince of Japan in London(ロンドンの日本皇太子)である(図2-13)。さらに、岡田明達著 *New Diamond Readers* 4(1930年1月17日検定済：中学)の第23課 H. I. H. The Crown Prince of Japan's Visit to Europe(日本の皇太子殿下の欧州訪問)でも、皇太子の行動が詳細に描かれている(図2-14)。しかし、1930年代に入ると、天皇の神格化が進むため、こうした写真入りの教材は掲載されなくなった。

　特徴的なことは、大正・昭和期に入っても大正天皇は教材としてほとんど登場しなかったことである。大正天皇は健康に恵まれず、明治天皇や昭和天皇ほどの存在感を発揮できなかったためであろうか。

　そのため、大正・昭和期になっても明治天皇を追慕するような教材が見られた。たとえば、吉岡源一郎著 *Revised New Fountain Readers* 5(1922年1月13日検定済：師範・中学)の第5課はPoems by the Emperor Meiji(明治天皇御製)で、12首の和歌が日本語と英語で掲載されている(図2-15)。最初の4首を見てみよう。うち3首は「い

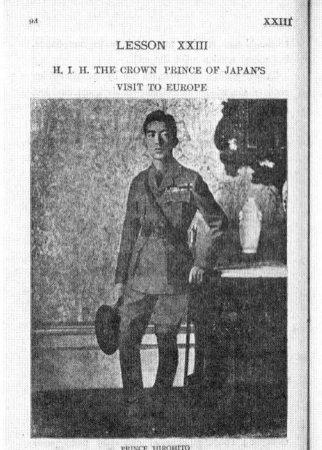

図2-13 ロンドンの皇太子裕仁親王
（塩谷栄 *New Language Readers* 5, 1922）

図2-14 皇太子裕仁親王の欧州訪問
（岡田明達 *New Diamond Readers* 4, 1930）

第2章　日清・日露戦争と「国民」の形成

くさ」を主題に詠んでいる。明治は日清・日露と大きな対外戦争が続いた。その中で、最高統帥権者としての明治天皇がいかに重責を担っていたかがうかがえる。

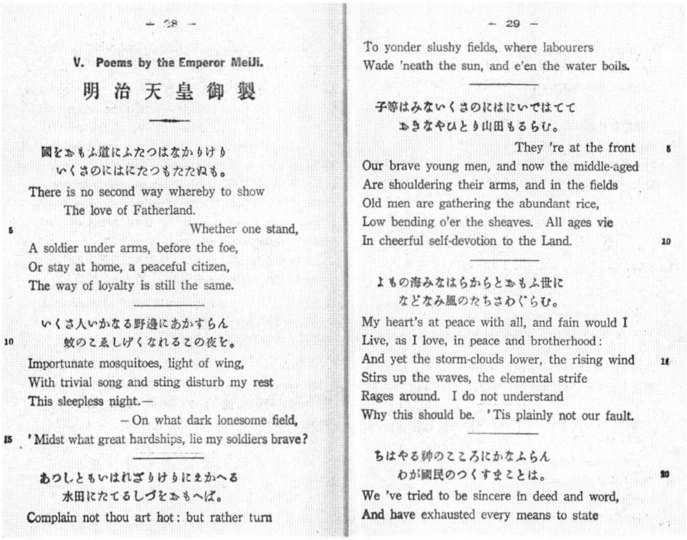

図2-15　明治天皇御製
(吉岡源一郎 *Revised New Fountain Readers* 5, 1922)

Poems by the Emperor Meiji.

明治天皇御製

国をおもふ道にふたつはなかりけり
　いくさのにはにたつもたたぬも。

There is no second way whereby to show
　　The love of Fatherland.
　　　　　　　　　　Whether one stand,
A soldier under arms, before the foe,

Or stay at home, a peaceful citizen,
The way of loyalty is still the same.

———————

　いくさ人いかなる野辺にあかすらん
　　　蚊のこえしげくなれるこの夜を。

Importunate mosquitoes, light of wing,
With trivial song and sting disturb my rest
This sleepless night.——
　　　　　　　　—— On what dark lonesome field,
'Midst what great hardships, lie my soldiers brave?

———————

　あつしともいはれざりけりにえかへる
　　　水田にたてるしづをおもへば。

Complain not thou art hot: but rather turn
To yonder slushy fields, where labourers
Wade 'neath the sun, and e'en the water boils.

———————

　子等はみないくさのにはにいではてて
　　　おきなやひとり山田もるらむ。

　　　　　　　　　　　They 're at the front
Our brave young men, and now the middle-aged
Are shouldering their arms, and in the fields
Old men are gathering the abundant rice,
Low bending o'er the sheaves. All ages vie
In cheerful self-devotion to the Land.

第2章 日清・日露戦争と「国民」の形成

「西洋化」の完成

日本がヨーロッパの大国ロシアに勝利したことは、世界の驚異であり脅威だった。そうした認識の変化も、英語教科書は伝えている。細江逸記著 *New Start Readers* 4(1936年1月8日検定済：中学・実業)の第41課 The Rise of Nippon(日本の隆盛)では、日露戦争の文明史的な意義を次のように総括している(抜粋)。

The Rise of Nippon

With astonishing energy and intelligence, however, they 〔= the Japanese〕 set themselves to bring their life and culture to the level of the European Powers. Never in all the history of mankind did a nation make such a stride as Japan then did. In 1866 she was a medieval people with a fantastic feudal system; in 1899 hers was a completely Westernized people, on a level with the most advanced European Power. She completely dispelled the persuasion that Asia was in some way hopelessly behind Europe. She made all European progress seem sluggish by comparison.

We cannot tell here in any detail of Japan's war with China in 1894 to 1895. Within ten years she was ready for a struggle with Russia, which marks an epoch in the history of Asia, the close of the period of European arrogance. The Russians, badly led and dishonestly provided, were beaten on land and sea alike.

The European invasion of Asia was coming to an end.

日本の隆盛

驚くほどの精力と知性を傾け、日本は生活と文化をヨーロッ

パ列強と同水準に引き上げた。これほど長足の進歩をとげた国家は、歴史上で類を見ない。1866年の時点で、日本は特異な封建制度による中世的国家だった。しかし、1899年には完全に西洋化し、最も進歩したヨーロッパ列強と同水準に至った。アジアがヨーロッパに追いつくのは絶対に無理だという思い込みを一掃したのである。日本と比べると、ヨーロッパの進歩はナメクジの歩みに見える。
　日清戦争（1894〜1895年）については、ここでは詳述しない。その後10年以内に日本がロシアとの戦闘準備を整えたことは、ヨーロッパの専横に終止符を打ったという意味で、アジア史上画期的である。ロシアは、指導者の無能と準備不足のため、陸戦と海戦の両方で日本に敗北を喫した。
　ヨーロッパのアジア侵略は終わりを告げることになった。

　このように、明治維新後の日本が世界の人類史上かつてなかったほどの速さで近代化し、日清戦争での勝利を経て、ついには日露戦争にまで勝利したことを感嘆する内容となっている。1899（明治32）年に日本は「完全に西洋化」し、「最も進歩したヨーロッパ列強と同水準」に達したと評価したのである。かくして、「ヨーロッパのアジア侵略は終わりを告げることになった」と結んでいる。
　それにしても、なぜ日本が「完全に西洋化」した年を1899年としたのだろうか。この謎は、「文明」と「人種」をキーワードにしないと解けない（本書第1章参照）。
　実は、1899年は日英通商航海条約が発効した年なのである。この条約によって、幕末の不平等条約で押し付けられていた領事裁判権と治外法権が撤廃され、外国人を日本の法律で裁けるようになった。同時に、外国人の居住・旅行・営業等の制限を撤廃して日本人

第2章　日清・日露戦争と「国民」の形成

と対等に活動できる「内地雑居」も実現した。さらに、この3年後の1902(明治35)年には日英同盟が締結され、西洋の最強国イギリスと軍事同盟関係を結ぶことになる。

　こうして、日本人は法的に西洋人と対等の地位を獲得した。「半文明人」ではなく「文明人」と認められたのである(ただし2015年現在、日米地位協定により、アメリカ軍人が日本国内で犯罪を行っても、第一次的裁判権は日本側ではなく米軍にある)。

　ところで、上記の英文を読むと、欧米人の目線から書かれていることがわかる。調べてみると、出典は『タイム・マシン』や『宇宙戦争』などで有名な英国の作家・歴史家ウェルズ(H.G. Wells, 1866-1946)の*A Short History of the World*(1922)だった。その第63章European Aggression in Asia, and the Rise of Japanから採られているが、かなり省略・改変されている。この作品は日本の英語教科書に何度か採用されており、戦後には長谷部文雄・阿部知二訳で『世界史概観　上・下』(岩波新書、1966)として刊行された。ウェルズは社会活動家としても有名で、悲惨な第一次世界大戦をふまえ、戦争を根絶するために国際連盟の樹立を提唱し、ワシントン軍縮会議に出席するなど、人権擁護と軍備撤廃を訴えた。

　なお、原文のThe Rise of Japanが細江の教科書ではThe Rise of Nipponとなっている。1930年代に入ると、西洋人による命名であるJapanをやめてNipponにしようという声が強まった。詳しくは第4章「アジア・太平洋戦争と軍国日本」を参照されたい。ウェルズのこの文章は日英社編輯部編*The Victory Side Readers* 3(1926年2月3日検定済：中学)の第11課にも収録されていたが、そのときのタイトルはThe Rise of Japanだった。

朝鮮の植民地化

　日本が西洋列強と肩を並べる大国化を果たしたということは、戦争を通じて周辺諸国を植民地化したことに他ならなかった。日露戦争に勝利した日本は、「満州」(中国東北部)におけるロシアの影響力を後退させ、朝鮮の植民地化を一気に推し進めた。

　日露戦争終結後の1905(明治38)年9月に始まるポーツマス講和条約では、韓国における日本の優越権の承認、中国東北部にある関東州の租借権と南満州鉄道の日本への一部譲渡、南サハリンの日本への割譲などに合意した。その直後の1905年11月には第二次日韓協約が調印され、韓国は独立国としての外交権を剥奪された。

　石川啄木は1905年を振り返り、翌年元旦の『岩手日報』に次のような一文を寄稿した。

　　戦勝と平和と光栄と屈辱と義憤とに五千万の頭脳の煮え返りたる此年なり。帝闕の下に蛮政の布かれたる、亡国の惨状を近く隣国に見たる、皆此年に於てなりき。

　この文章の背景には、次のような事情があった。日露戦争での日本側の戦没者は88,429人にも達し、ロシア側の戦没者25,331人の3.5倍にも達した。にもかかわらず、ポーツマス条約ではロシアから賠償金などを獲得できず、多くの日本国民は失望して日比谷焼き討ち事件(1905年)などの暴動を起こした。これが啄木の文章の前半部で、「帝闕の下に蛮政の布かれたる」は民衆暴動に対する軍隊の戒厳令を指している。後半の「亡国の惨状を近く隣国に見たる」は、第二次日韓協約によって日本が韓国の外交権を奪い、京城(ソウル)に韓国統監府(のちの朝鮮総督府)を置いて属国化を進めたことを表現している。1907(明治40)年には日本の統監府が韓国軍隊の解散を命じた。

第2章　日清・日露戦争と「国民」の形成

　こうした日本の支配強化に対して、朝鮮民衆は約4年にわたり義兵運動と呼ばれる激しい武装闘争を行った。韓国併合を推進し初代統監となった伊藤博文については、斎藤秀三郎が*Standard English Lessons* 1(1908；非検定)で「伊藤公は朝鮮の統監(resident general)である」という英作文問題を出していた。ところが1909(明治42)年に伊藤が暗殺されると、元田作之進著*A Study on English Composition*(1912；非検定)が「伊藤公は韓人の為めに銃殺せられた」という作文教材を掲載している。こうした動乱のなかで、1910(明治43)年8月に「韓国併合」が断行され、朝鮮半島が完全に植民地化されたのである。

　上條辰蔵・横地良吉著*New Taisho Readers* 2(1916年1月14日検定済；師範・中学)の第59課には、日清戦争、日露戦争、韓国併合を経て領土を著しく拡大した大日本帝国(The Empire of Japan)が誇らしげに描かれている。中央の写真は天皇の宮城(皇居)である(図2-16)。

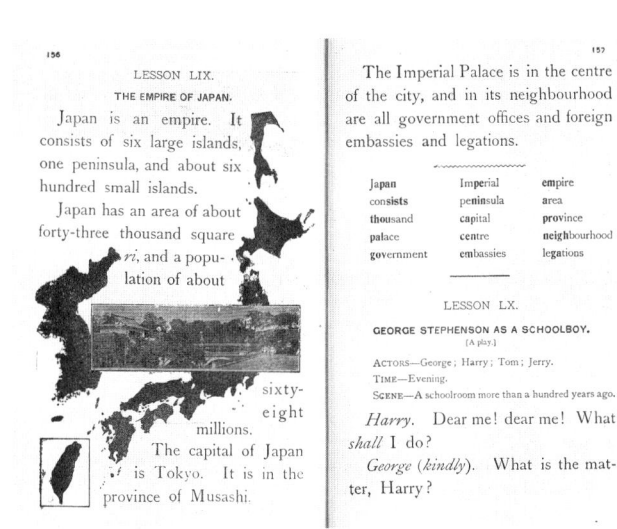

図2-16　領土を拡大した大日本帝国
(上條辰蔵・横地良吉*New Taisho Readers* 2, 1916)

> **THE EMPIRE OF JAPAN.**
>
> Japan is an empire. It consists of six large islands, one peninsula, and about six hundred small islands.
>
> Japan has an area of about forty-three thousand square *ri*, and a population of about sixty-eight millions.
>
> The capital of Japan is Tokyo. It is in the province of Musashi.
>
> The Imperial Palace is in the centre of the city, and in its neighbourhood are all government offices and foreign embassies and legations.
>
> ### 大日本帝国
>
> 日本は帝国である。それは6つの大きな島、1つの半島、約600の小さな島からなる。
>
> 総面積は43,000平方里で、総人口は約6,800万人である。
>
> 日本の首都は東京で、武蔵国にある。
>
> 宮城は首都の中心にあり、宮城の周辺にはすべての官庁と外国の大使館や公使館がある。

　併合にともない、今井信之は「朝鮮併合前までの韓国は英語でKoreaと書いて居たが併合後はChosenと書くこととなった」と述べ、この際KoreanもChosenjinと表記すべきだと提案している(今井信之「併合と英語」『英語青年』1910年10月1日号)。ただし、その後の英語教科書ではChosenとKoreaとがともに使われた。

　「韓国併合」の直後の1910(明治43)年9月9日、石川啄木は次のような歌を詠んだ。

　　地図の上朝鮮国に黒々と墨をぬりつつ秋風を聞く

第3章
第一次世界大戦と日本の大国化

英国海軍の軍艦で閲兵する日本皇太子（後の昭和天皇）
上條辰蔵 *The Culture Readers* 4（1922年3月8日検定済：師範・中学）

史上初の世界戦争

　1914(大正3)年7月、人類史上初の世界大戦となった第一次世界大戦(World War I)が勃発した。当時は、世界戦争(World War)、大戦争(Great War)、欧州大戦(Great European War)などと呼ばれたが、本質的には帝国主義列強による植民地の再分割戦争だった。そのためヨーロッパを主戦場にしつつも、戦争はアフリカ、中東、東アジア、太平洋、大西洋、インド洋にも及び、文字通りの世界大戦となった。

　日本も日英同盟(1902年)に基づいて1914年8月にドイツに宣戦布告し、連合国の一員として参戦した。その結果、ドイツが権益を持っていた中国山東省の青島を攻略、さらにドイツが植民地支配していた南洋群島を国際連盟の委任統治領として獲得した。

　第一次世界大戦では、飛行機、戦車、潜水艦、毒ガスなどをはじめとする新しい大量殺戮兵器が出現し、国を挙げての「総力戦」となった。そのため戦闘は4年半も続く長期戦となり、1919(大正8)年1月のパリ講和会議、同年6月のヴェルサイユ条約などを経て、ようやく終結した。犠牲者は、兵士の戦死者だけで約9百万人、非戦闘員の死者が約1千万人、負傷者は約2千2百万人と推定される人類未曾有の戦争となったのである。

　長期の戦争の結果、社会的危機の高まりを背景にロシアでは1917(大正6)年に史上初の社会主義革命が成功し、1922(大正11)年にはソビエト社会主義共和国連邦が発足した。ヨーロッパ各国でも労働者・農民を中心とする革命運動が高揚し、相次いで帝政が倒された。植民地諸国では独立運動が活性化し、日本統治下の朝鮮でも1919(大正8)年に「3・1独立運動」が起こった。悲惨な戦争の教訓から各国では反戦平和の機運が高まり、1919年には国際連盟が成立、日本も常任理事国となった。1921〜22(大正10〜11)年には

ワシントンで軍縮会議が開催され、日本は海軍力を英米の6割とする条約に調印した。

こうした激動の時代を、英語教科書はどのように描いたのだろうか。まずは、第一次世界大戦中に刊行された英作文教科書から見てみよう。塩谷栄著 *English Composition for Secondary Schools* 3(1917年12月8日検定済：師範・中学)の第11課 The Great European War(欧州大戦)では、大戦に関する以下のような英作文問題を出題している(全10問中の5以降を抜粋)。

THE GREAT EUROPEAN WAR

5. 日本もまた日英同盟条約(Anglo-Japanese Alliance Treaty)により(in virtue of)戦争に加はった。

6. 日本の目的は極東に於ける独逸(ドイツ)の活動(activities)を抑へる(suppress)のであった。

7. 日本は独逸軍(人たち)を青島(チンタオ)(Tsingtao)より駆逐し、南洋(the South Seas)よりその軍艦を掃除した(cleared)。

8. 欧州大戦役は交戦国(belligerents)の多きと動員(mobilize)された兵〔数〕及び軍費の点に於て、世界の歴史上比類がない。

9. 独逸帝国の軍国主義(militarism)が此の戦争の主因であった。

10. 独逸は白国〔白耳義国(ベルギー)〕の中立を犯して大いに誤った、といふはその為に(in consequence)英国が戦争に入ったので、海軍力(sea-power)が封ぜ(seal)られてしまったからだ。

このように、英作文の学習を通じてホットな時事問題を考えさせる教材となっている。若者への政治教育という意味では、現在より優れているかもしれない。ただし、あくまで日本の立場を正当化する視点からの記述である。

大戦初期は戦争を鼓舞

　第一次世界大戦の初期のころには、国王や祖国のために命を捧げる兵士を讃えるなど、戦争を美化し、若者を鼓舞する教材が少なくなかった。たとえば、片山寛著 *New Empire Readers* 1（1917年1月17日検定済：中学）の第46課（タイトルなし）では、次のように描いている（図3-1）。

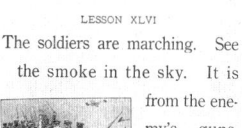

図3-1　兵士を讃美する教材
（片山寛 *New Empire Readers* 1, 1917）

Lesson 46

　The soldiers are marching. See the smoke in the sky. It is from the enemy's guns. But these men are brave; they are not afraid of the enemy's guns. They are glad to die for their king and country.

　I am a soldier's son. I was born in January, 1904. My father

第3章　第一次世界大戦と日本の大国化

joined the army and went to France when I was ten years old. He fought bravely and was killed in a battle.

第46課

　兵隊さんが進軍しています。空に上がっている煙をご覧なさい。敵の大砲から立ち上る煙です。しかし、我が軍の兵隊さんは勇敢で、敵の大砲など恐れません。国王と国家のためなら喜んで死ぬ覚悟なのです。

　私は兵士の息子です。1904年1月に生まれました。父が入隊してフランスに行ったのは、私が10歳の時でした。父は勇敢に闘って戦死しました。

　第一次世界大戦の特徴の一つは、高度な工業技術力を駆使した近代兵器が数多く登場したことである。とりわけ、戦車、潜水艦、飛行機などのハイテク兵器は英語教科書でも好んで描かれた。たとえば、武信由太郎著・飯島東太郎補 *Easy Composition* 1（1933年11月10日検定済：師範・中学・女学校）では、飛行機や潜水艦などを題材にして英文を作成させる課題を載せている（図3-2）。

図3-2　近代兵器に関する英作文問題
（武信由太郎著・飯島東太郎補
Easy Composition 1, 1933）

戦車

　第一次世界大戦の主戦場の一つであるドイツ・フランス国境の西部戦線では、陣地が塹壕、機関銃、有刺鉄線などで守られたため、そこに生身の兵士が進撃すれば大損害になった。そのため、砲撃の応酬となり、大地は穴だらけで、一般の車両では前進が困難だった。そこでイギリス軍が考え出したのが、キャタピラーをもつ戦車だった。秘密兵器であることを隠して給水用タンクと偽ったため、今でもtankと呼ばれている。

　細江逸記著 *New Start Readers* 5（1936年1月8日検定済：中学・実業）の第15課Tank in Action（交戦中の戦車）では、第一次世界大戦に初登場した秘密兵器の戦車がリアルに描かれている（図3-3）。

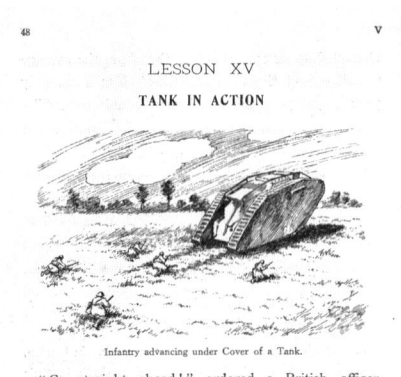

図3-3
第一次世界大戦で登場した戦車
（細江逸記 *New Start Readers* 5, 1936）

第3章　第一次世界大戦と日本の大国化

TANK IN ACTION

"Go straight ahead!" ordered a British officer, addressing the commander of the tank. The "crew" crept inside through low and narrow steel doors, and then the tank began to move forward, the endless chain crunching and clattering heavily, and leaving a deep trail on the ground like a steam road-roller. It crept over boulders, cracking some as easily as if they had been chestnuts, pressing others deep into the ground, plunged into shell-holes with its gun-turrets rattling and swinging, surged through mud and water, till eventually it climbed out on the other side dripping with slime, and holding its snout high in the air.

The Germans were surprised when they first saw the strange war-engines advancing against them in the Somme valley. They were quite close at hand before the enemy were aware of their existence, for they were painted in different colours so as to blend with the landscape.

At one point a tank thrust its snout right into a German trench, and its guns opened fire. Then, with a lurch, it crossed over and flattened out a machinegun emplacement. Reinforcements were hurried up to attack this great and clumsy-looking armoured car. About 200 men opened fire at it, but the bullets spattered on the armour-plates as harmlessly as hailstones on a window pane. Hand bombs were thrown, but they made no more impression than do pebbles thrown at a tortoise.

交戦中の戦車

「真っ直ぐ前進！」とイギリス軍将校は戦車の指揮官に向かって命じた。戦車下部にある狭い鉄扉から、乗組員たちは這

うようにして乗り込んだ。戦車は前進を開始した。無限軌道〔キャタピラー〕はガタガタと唸りを上げ、蒸気ローラーのように地面に深い轍が残った。戦車は岩にも乗り上げ、木の実のようにやすやすと粉砕し、地中にめり込ませた。砲弾の穴では音を立てて砲塔を揺らし、泥水をかき分けて力強く前進し、泥水まみれになって丘を登って越えていき、ついには砲身を空高く向けたのであった。

ドイツ軍は、進撃して来た謎の戦闘車をソンム渓谷で初めて見て驚愕した。風景の保護色となるように塗装されていたため、戦車の存在にドイツ軍が気づいた頃には既に目と鼻の先にまで接近していたのであった。

ある地点で、戦車はドイツ軍の塹壕に砲身を向けて砲火を浴びせた。そして、車体を揺らせながら、機関銃の台座をペチャンコに踏みつぶしていった。援軍が駆けつけ、この巨大で異様な装甲車両に攻撃を加えた。約200人の兵士が銃撃を加えたが、あられが窓ガラスに跳ね返されるように銃弾が装甲板に跳ね返された。手榴弾も投じられたが、亀の甲羅に小石を投げつけるのと同様で、打撃を与えることはできなかった。

潜水艦

　潜水艦(submarine)の歴史は古く、アメリカの南北戦争にも潜水艇による撃沈記録(1864年)はある。しかし、その本格的な実戦配備は第一次世界大戦からだった。特にドイツの潜水艦Uボートは開戦直後の1914(大正3)年9月からイギリスの軍艦や貨客船を魚雷で撃沈し、大打撃を与えた。

第3章　第一次世界大戦と日本の大国化

　ハイテク兵器だった潜水艦は、英語教科書の中でも繰り返し取り上げられた。岡田明達著 *New Diamond Readers* 5（1930年1月17日検定済：中学）の第31課 When a U-boat Captain was Chivalrous（Uボートの艦長が騎士道を発揮したとき）は、敵国の魚雷艇との熾烈な戦いのさなかでの人間ドラマを描いている（図3-4）。また、小日向定次郎著 *The Public Readers* 2（1931年12月22日検定済：師範・中学・実業）の第15課 The Submarine（潜水艦）は、潜水艦の基本的な構造や役割をわかりやすく解説している（抜粋）。

The Submarine

　Formerly battles were fought only on land or on the sea, but now they are also fought under the sea and in the air. During the Great War we constantly heard of air-raids and submarine attacks.

　Fighting under the water was no new idea. For over a hundred years men had been trying to construct a boat that would go under the sea, but it was only a few years before the war that they found out how to make vessels which would really do this. […]

　From the submarine a torpedo is fired, much resembling a fish in shape. It comes out of a tube, like a cork from a popgun. In the water it is driven along by a propeller. The moment it hits the enemy ship, the torpedo explodes and makes her sink.

潜水艦

　かつての戦場は地上と海上のみであったが、現代の戦闘は海中や空中でも行われる。大戦の間も、絶えず空襲や潜水艦

攻撃という言葉を耳にした。

　水中での戦闘は、新しい考えなどではない。100年以上前から、水中を航行する船の建造に挑戦してきたが、本当に水中を航行できる船ができたのは、大戦開始のわずか数年前であった。

　潜水艦からは、魚とよく似た形の魚雷が発射される。魚雷は、豆鉄砲からコルク玉が出るのと同じ原理で発射管から射出される。推進力はスクリューである。敵艦に命中した瞬間に爆発し、敵艦を撃沈させる。

　潜水艦が攻撃したのは軍艦ばかりではなかった。敵国艦船への無差別攻撃を行ったドイツのUボートは、1915(大正4)年5月にイギリスの豪華客船ルシタニア号を撃沈した。乗客1,198名が死亡し、その中に128名のアメリカ人旅行客が含まれていた。そのため、中立国だったアメリカでも対ドイツ感情が急速に悪化し、アメリカが参戦するひとつの原因となった。

　そのルシタニア号の悲劇について、佐川春水著 *New Star Readers:Revised* 4(1932年2月12日検定済：師範・中学・実業)は、第17課 The Sinking of Lusitania(ルシタニア号の沈没)で生々しく描いている。冒頭のイラストは、

図3-4　潜水艦と魚雷艇との戦い
(岡田明達 *New Diamond Readers* 5, 1930)

まるで映画「タイタニック」の惨劇を思わせる（図3-5）。

潜水艦による攻撃はのちの第二次世界大戦においても猛威を奮った。日本の艦船も次々に沈められ、南方との補給路を断たれた。民間船の撃沈も相次いだ。太平洋戦争末期の1944（昭和19）年8月には、沖縄から疎開中の学童を乗せた対馬丸がアメリカ潜水艦の攻撃を受けて沈没し、多数の子どもを含む1,476名が犠牲となった。

図3-5 ルシタニア号の沈没
（佐川春水 New Star Readers 4, 1932）

そうした太平洋戦争末期に刊行された準国定教科書『英語3（中学校用）』（1945年1月20日発行）の第11課にも The Submarine（潜水艦）が収録されている。ただし、タイトルも文章も前述の小日向定次郎著 The Public Readers 2（1931）とほとんど同じである。著作権を云々できる時代ではなかったのかもしれない。

飛行機

アメリカのライト兄弟が世界で初めて飛行機の有人動力飛行に成功したのは1903（明治36）年。それからわずか10年ほど後の第一次世界大戦では、飛行機が早くも実戦に投入された。最初は上空からの偵察に利用されただけで、敵機と遭遇してもパイロット仲間という親近感からハンカチを振り合うといった牧歌的な光景が見られる時期もあった。しかし、すぐに銃で撃ち合うようになり、やが

て機関銃を装備した戦闘機が生まれた。また、敵の上空から爆弾を投下する爆撃機や、魚雷を発射する雷撃機も誕生した。

その飛行機についても、教科書は様々な取り上げ方をしている。ここでは、開拓社編輯所編 *The Pioneer English Readers for Girls* 4（1932年2月25日検定済：師範・女学校）第9課の"Your Mother"（母より）を取り上げよう（抜粋：図3-6）。自分が撃墜した敵軍パイロットの母親に手紙を書いたことで、敵味方を超えた心の交流が生まれるという感動的な話である。

図3-6 敵兵の母親との交流を描く "Your Mother"
（開拓社編輯所 *The Pioneer English Readers for Girls* 4, 1932）

物語は第一次世界大戦中のこと。敵のドイツ軍機を撃墜した英国軍パイロットは、着陸して死亡したドイツ軍兵士を埋葬しようとしていた。すると、兵士の胸ポケットから「母より」と書かれた兵士の母親の写真が出てきた。母親が息子に送ったものだった。英国軍パイロットはドイツにいるその母親の悲しみを思い、幼くして亡くした自分の母親をも思い浮かべながら、意を決して敵兵の母親に手紙を書いた。しばらくして、中立国経由でドイツ軍兵士の母親から次のような手紙が届いた。

"Your Mother"

"I had learnt of the death of my son long before your letter arrived. You can well imagine my feelings when I read the letter from you, who had killed my beloved son. But let me assure you that I had not the least ill feeling against you. On the contrary I felt as if my son had come back to life and written to me. Just as you told me that you felt as if you had seen your own mother's photograph when you saw mine, so I felt as if the letter had been from my own son. You say you killed my son, and so you did. But both he who killed and he who was killed served his country alike, and it would be quite needless for me to add that there is no personal ill feeling.

I have two more sons besides the one you killed. He was the youngest of three brothers. I have lost one son, but instead I have found a new son in you. I pray to God that the time will come soon when the war is ended and we can meet each other as friends."

And at the end was written "Your Mother" just as it was on the photograph.

「母より」

「息子が戦死したことは、お手紙を頂くだいぶ前から存じておりました。愛する息子を死に至らしめた方からの手紙を読んで私がどんな気持ちだったかは、よくおわかりだと思います。でも申し上げておきますが、あなたに悪い感情を抱くことはありませんでした。それどころか、生き返った息子が手紙をくれたような気がしました。私の写真をご覧になった時に、ご自身のお母さまのお写真のような気がしたとおっしゃっていましたね。同じように、私も自分の息子からの手紙のような気がしました。確かに、あなたのせいで我が子は命を落としました。しかし、殺す側も殺される側も、同じように国のために責任を果たしたのです。ですから、個人的に悪い感情は抱いていない

> ことをあえて申し上げる必要はないでしょう。
> 　死んだ息子の他にも、息子が二人おります。戦死したのは末っ子でした。息子を一人亡くしはしましたが、あなたという新しい息子ができました。戦争が終わり、互いに友人としてお目にかかれる時が遠からず訪れるよう、神に祈ります。」
> 　手紙の末尾には、写真と同様に「母より」と書かれていた。

　戦争がテーマであるにもかかわらず、子どもを失った母親を主題にしたあたりは、さすが高等女学校用である。英国人パイロットは"it was my duty in this cruel work of war to kill your son"（ご子息を殺すことが、この残酷な戦争遂行における私の任務だったのです）と書いた（引用では割愛）。これに対して、ドイツ人の母親は"the time will come soon when the war is ended and we can meet each other as friends"（戦争が終わり、互いに友人としてお目にかかれる時が遠からず訪れるでしょう）と返す。静かな反戦のメッセージが秀逸である。

大戦の原因と実態

　第一次世界大戦の終結後、この戦争の原因や意味を問い直す教材も現れた。三省堂編輯所著 *The Phenix English Readers* 4（1931年2月12日検定済：師範・中学・実業）の第23課 The World War: How It Came and What It Did（世界戦争：その原因と実態）は、戦争が大規模な総力戦となり、犠牲は女性や子どもにまで及ぶこと、近代兵器を用いた大規模な殺戮が長期にわたって続くことを痛烈に訴えている。

第3章　第一次世界大戦と日本の大国化

The World War: How It Came and What It Did

It is well to point out again that modern warfare is no longer a matter of sending a small army of soldiers to some distant battlefield to fight with an equally small army, leaving the people at home comparatively undisturbed; nor is it a matter of a few wooden battleships fighting one another, as in the days of Nelson. War in these days means that almost every man, woman and child is involved in some degree or other.

This state of affairs is largely due to scientific discoveries, which have made it possible to build huge guns that can fire quite easily across long distances of twenty or thirty miles; indeed, there are some guns that can fire from London to Brighton and beyond. The development of science has also brought with it the aeroplane, which, of course, is a great blessing to mankind; but the aeroplane has already been used to bring destruction to peaceful cities. It may, if war should come again, involve danger to everybody.

Most people in 1914 had no idea that the War would prove as terrible as it did. They little thought it would last for four and a half years; but it did. It caused widespread destruction and misery throughout the length and breadth of the world, until nine millions of men of all nationalities lost their lives on the field of battle, and about thirty million men were wounded or maimed. It is hard to imagine what a vast number of people this really means. It might help to give an idea of this vast number by mentioning that if those men who were killed and wounded in the last War had been able to march past in a continuous procession, at a yard apart, it would take nearly a whole year before the sad procession was ended.

世界戦争：その原因と実態

かつての戦争は、遠くの戦地に兵隊を送って敵の兵隊と戦わせ、母国の人々の生活は比較的平穏なままだった。しかし、このようなことは近代戦にはあてはまらない。ネルソン提督〔1758-1805〕の時代のような、木造の戦艦同士の戦闘などあり得ないことである。昨今の戦争には、老若男女を問わず国民の大部分が、何らかの形で関わっているからである。

このような事態に至った原因は、科学の発達である。科学が発達したおかげで、20〜30マイル〔約32〜48km〕もの遠距離に向けて容易に砲撃できるような巨大な大砲が製造できるようになった。実際に、ロンドンからブライトン以遠まで砲撃できる大砲もできている。科学の発達は飛行機ももたらした。もちろん人類にとって飛行機はありがたいものだが、一方で平和な都市を破壊するためにすでに使用されている。再び戦争が起きれば、飛行機は万人に危険をもたらす可能性があるのだ。

1914年の開戦時点で、大戦がこれほど悲惨なものになると予想できた者はほとんどおらず、戦闘が4年半も継続するとは誰もが夢にも思わなかった。しかし、戦闘は4年半続いた。大戦は世界の隅々にまで破壊と惨禍を拡散させ、全世界で900万人が戦場で命を落とし、約3千万人が負傷したり後遺症が残ったりした。この数字がどれほど多くの数であるか、想像するのは難しい。仮に、大戦での死者と負傷者が1ヤード〔約0.9m〕間隔で一列に並んで行進したとすると、隊列の長さは行進が終了するまでに丸一年を要するほどになるのだ。

「再び戦争が起きれば、飛行機は万人に危険をもたらす可能性がある」という警告も、のちに現実のものとなった。1937(昭和12)年の

ドイツ軍によるスペインのゲルニカ爆撃や、1938(昭和13)年からの日本軍による中国の重慶爆撃は、住民を巻き込んだ無差別爆撃であるとして非難された。アメリカ軍による日本本土空襲では、200以上の都市と223万戸の民家が被災し、被災人口は約970万人、死傷者数は約100万人に達したとされている。

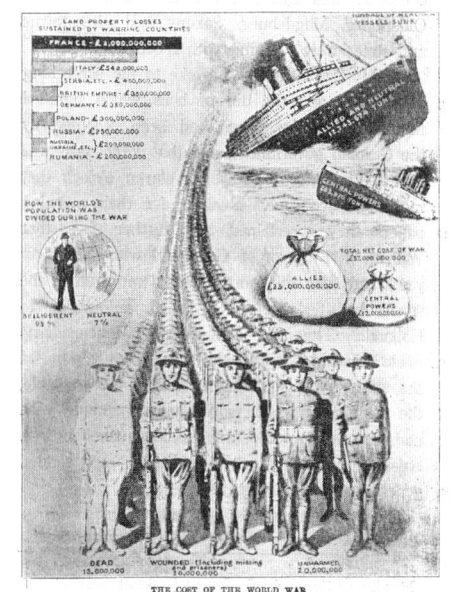

図3-7　第一次世界大戦で払った犠牲
(岡田明達 *New Diamond Readers* 5, 1930)

第一次世界大戦は人々の予想をはるかに超えて残虐かつ長期にわたり、はじめはピクニック気分で戦場に出て行った若者たちの間にも、しだいに厭戦ないし反戦の気分が広がるようになった。1917(大正6)年には「パンと平和」「帝国主義戦争を内乱へ」と訴えるロシア社会民主労働党(ボルシェビキ)が社会主義政権を樹立して戦線から離脱した。さらに、世界各地で反戦平和運動、革命運動、民族解放運動が高揚した。

第一次世界大戦のもう一つの結果は、ヨーロッパの多くの国々で君主制が打倒されたことである。旧秩序の象徴だったドイツ帝国、オーストリア＝ハンガリー帝国、オスマン帝国、ロシア帝国の4つの帝国が崩壊した。大戦に敗北したドイツでは皇帝ヴィルヘルム2世が亡命し、ホーエンツォレルン家のドイツ支配が終結した。この

問題についても、岡田明達著 *New Diamond Readers* 5（1930年1月17日検定済：中学）の第37課 The Last of Hohenzollerns（ホーエンツォレルン家の最後）が教材化している。この課ではさらに、第一次世界大戦で払われた犠牲（The Cost of the World War）についての図が掲載されている（図3-7）。

国際連盟

　第一次世界大戦の苦い教訓から、戦争を防止するための史上初の国際平和機構として、国際連盟（The League of Nations）が1919（大正8）年に誕生した。日本は常任理事国となり、のちに5千円札を飾ることになる新渡戸稲造が事務局次長に選出されるなど、連盟内で重要な役割を担っていた。しかし、日本政府が提案した「人種平等」（のちに「国民平等」に修正）の条項が盛り込まれなかったことに示されるように、連盟は西洋・白人中心の国際機構だった。

　国際連盟に関する教材はきわめて多い。たとえば、戦前期を代表する教科書である神田乃武著 *The King's Crown Readers* 5（1926年12月21日検定済：中学）は第4課で The League of Nations（国際連盟）を掲載している。また、日本が国際連盟を脱退する前年に刊行された稲葉三郎・Lee, F.H. 著 *New Daily Progress Readers* 5（1932年1月21日検定済：中学）の第32課も The League of Nations である。当時の日本人がどれほど国際連盟に期待をかけていたかがわかる。

　前に紹介した三省堂編輯所著 *The Phenix English Readers* 4 の第23課 The World War: How It Came and What It Did（世界戦争：その原因と実態）でも、最後は国際連盟への希望で終わっている。

The World War: How It Came and What It Did （続き）

It is, therefore, quite easy to understand that, as the War went on, people everywhere began to say that when it was all over the first thing that should be done by the rulers in all the countries would be to arrange, if possible, that war should never happen again. People began to wonder whether it would not be possible to set up a League of all the nations to do this.

While the War was still raging, the great president of the United States, Woodrow Wilson, said that such a League should be formed, and that he would try his utmost to bring it about. His words were warmly welcomed. Despair gave way to hope. People began to feel that the world might yet live in peace. It still seemed a distant hope, a dream that would fade away. However, when the end of the fighting came in November, 1918, it looked as if the dream would come true.

世界戦争：その原因と実態（続き）

それゆえ、大戦が続くなかで、各地の人々が「戦争が終わったら、すべての国の統治者は先ず二度と再び戦争を起こさないようにすべきだ」と口にし始めたのは当然である。この目的のために、人々はすべての国の連盟を設立できないかと考え始めた。

大戦中に、アメリカ合衆国のウィルソン大統領が、国際連盟設立のために最大限の努力をすると発言した。ウィルソンの言葉は温かく迎えられ、希望が絶望に取って代わった。やがて平和な世界が訪れるかもしれないと人々は感じ始めた。依然としてはるか彼方の希望であり、消え入りそうな希望ではあった。しかし、1918年11月に戦闘が終結すると、この夢が現実になりそうに思えた。

悲惨な大戦の経験から、人々は今度こそ平和に暮らしたいとの希望を抱き、国際連盟を結成した。しかし、大国アメリカの参加が得られないなどの困難が立ちはだかり、国際連盟は必ずしも所期の目的を達することはできなかった。上記の引用部分でも、最後の一文は"it looked as if the dream would come true"（この夢が現実になりそうに思えた）と不確かな調子で書かれている。必ずしも現実を伴わない願望だったのである。

　事実、日本は「満州国」をめぐる問題で加盟諸国との対立から1933（昭和8）年に連盟を脱退し、以後は国際的に孤立しながら軍拡と軍国主義を強めることになる。1939（昭和14）年にはナチス・ドイツがポーランドに侵攻し、第二次世界大戦が始まるのである。

日本の南洋群島領有

　第一次世界大戦の戦勝国となった日本は、ドイツが領有していた南太平洋のカロリン諸島、マーシャル諸島、マリアナ諸島（グアム島を除く）を国際連盟規約にもとづく日本委任統治領南洋群島とし、南洋庁を設置した。事実上の植民地を獲得したわけである。こうして、日本国内では「南洋ブーム」が起こり、珍しい風俗や文物に人々の好奇の目が集まった。

　こうした南洋群島について、金子健二著 *Advancing Japan Readers* 4（1935年11月14日検定済：中学・実業）の第27課 Sea Outposts of Japan（日本の海の前哨基地）は次のように紹介している。

第3章 第一次世界大戦と日本の大国化

図3-8 第一次世界大戦で獲得した南洋群島
(金子健二 *Advancing Japan Readers* 4, 1935)

SEA OUTPOSTS OF JAPAN

Mandated Islands

On leaving the League of Nations Japan takes with her as a souvenir a string of Oceania's jewels, the Mariana, Caroline, and Marshall Islands. The islands were taken from Germany by the Japanese Navy in October, 1914; in 1917 the Allies agreed to support Japan's claim to them at the peace settlement; and in 1919 they were placed under Japanese mandate. The mandated territories comprise 2,550 islands, atolls, and reefs, which extend from the Bonins, just south of Japan, to the equator and then eastwards in the form of a gigantic, irregular, capital L, pointing, though at an immense distance, towards America. […]

When Japanese naval officers call those islands Japan's life-line in the south, as Manchukuo is in the north, it is not of their commercial value that they are thinking; nor was it for economic reasons that the Japanese Government promptly made it known that any attempt to deprive Japan of the mandate would be contested.

日本の海の前哨基地

委任統治領の島々

　国際連盟の脱退時点で、日本は土産として、連なったオセアニアの宝石であるマリアナ諸島、カロリン諸島、マーシャル諸島の領有権を有している。この島々は、1914年10月に日本海軍がドイツから獲得したもので、1917年には連合国が、和平調停の場で日本の領有権を承認し、1919年には日本の委任統治が開始された。委任統治領は、2,550の島と環礁・岩礁からなり、小笠原諸島から赤道まで南北に延びてから東に向かい、巨大なL字型を描いて、はるか彼方のアメリカ方向に向かっている。

　海軍将校らが言うように、日本にとって満州が北の生命線であるならば、南方の島々は南の生命線である。このように考えるのは、商業的な価値のためだけではない。「日本から委任統治権限を剥奪しようとするいかなる企てに対しても、強く異議を申し立てる」と、かつて日本政府が迅速に周知したことがあったが、これが経済的な理由のためだけではなかったのと同様である。

　このように、日本にとって南洋群島は「南の生命線」であると位置づけられた。その後の太平洋戦争では、南の島々で米軍との激しい激戦が繰り広げられた。米軍は飛び石のように島を一つひとつ奪い、ついにはサイパン島やテニアン島を占領して空軍基地を建設

し、日本本土を爆撃の射程内に収めた。広島・長崎への原爆投下もこうして可能になった。そうした流れで見ると、南洋群島を「南の生命線」と位置づけた重みがわかる。

さて、日本が南太平洋の島々を領有するようになると、それにふさわしい物語が英語教科書でも人気を博するようになった。デフォーの「ロビンソン・クルーソー」である。

ロビンソン・クルーソー

筆者らが作成した「明治以降外国語教科書データベース」（インターネット公開）で検索すると、「ロビンソン・クルーソー」は文部省検定済の副読本だけでも1907（明治40）年から1943（昭和18）年までに14種も出版されている。これはイソップ物語、ホーソン（Nathaniel Hawthorne）の『伝記物語』に次ぐ歴代3位である。時代的には、約7割に当たる10種が第一次世界大戦後の1920〜30年代に刊行されている。また、筆者が所蔵する英語読本を見ただけでも、戦後も含めて20種類以上の教科書で「ロビンソン・クルーソー」が教材化されていた。

このうち、検定教科書として最も早い段階のものが、浅田栄次著 *Asada's English Readers* 4 （1909年12月27日検定済：中学）の

number of human bones: for it seems that

savages used to go there from distant islands to kill and eat the prisoners they had taken in war.

2. Another day, soon after this, he saw smoke coming from the shore. He hid himself behind a tree and watched, and saw a number of these cannibals sitting round a fire eating a prisoner. Another was lying close by, expecting every moment to be killed.

図3-9 「野蛮人」を撃ち殺すロビンソン
（浅田栄次 *Asada's English Readers* 4, 1909）

第5〜7課 Robinson Crusoeである。そこには、捕虜となっていた1人（のちのフライデー）を助けるために、ロビンソンが銃で2人も撃ち殺すという場面が描かれている。

Robinson Crusoe

1. For a long time Robinson Crusoe thought that nobody ever came to the island; but one day he found the ashes of a fire on the sand by the seashore, and in the ashes a number of human bones; for it seems that savages used to go there from distant islands to kill and eat the prisoners they had taken in war.

2. Another day, soon after this, he saw smoke coming from the shore. He hid himself behind a tree and watched, and saw a number of these cannivals〔cannibalsの誤り〕 sitting round a fire eating a prisoner. Another was lying close by, expecting every moment to be killed.

3. All at once this poor man jumped up to try if he could not escape. He ran as fast as he could toward the wood where Robinson Crusoe lay hidden. Two of the savages ran after him.

4. Now Crusoe had made up his mind to save the poor fellow if he could. So he ran out from his hiding-place in the wood, and shot the two men who were running after the prisoner.

5. This man whose life he thus saved became his servant and companion; and a merry, faithful fellow he was. Crusoe named him Friday, because it was on a Friday that he saved his life.

ロビンソン・クルーソー

1. 島には誰も上陸したことがない、とロビンソン・クルーソーはずっと思っていたが、砂浜の焚き火跡で人骨が見つかった。遠い島から来た野蛮人が以前に、戦で捕らえた捕虜を殺して肉を食らったようだった。

2. 後日、浜辺で煙が上がるのが見えた。クルーソーが木陰に身を隠して目をこらしていると、人食い人種が焚き火の周りで車座になり、殺した捕虜の肉を食らっているのが見えた。捕虜がもう1人近くで横たわり、殺される瞬間を待っていた。

3. その瞬間、捕虜は飛び起きて逃げようとした。捕虜は、クルーソーが隠れていた森に向かって全速力で駆け出し、野蛮人2人が捕虜を追った。

4. クルーソーは、かわいそうな捕虜を助けようと心に決め、隠れていた場所から走り出て、2人の追っ手を撃ち殺した。

5. 命を助けられた男は、明朗でかつ忠実な人物で、クルーソーの召使いであり仲間となった。男にフライデーという名を付けたのは、命を助けた日が金曜だったからだ。

このように、1人を助けるために2人を殺すという行為を平然と行ったのはなぜか。それは2人が「野蛮人」(savages)で、しかも人食い人種(cannibals)だからである。文明5段階説の1という最低ランクであり、西洋人ロビンソンの基準では人間以下の存在なのである。野蛮人であれば文明人が殺しても罪にはならないとする構図は、西部劇をはじめ、今日でもハリウッド映画などに根強く残っている。

なお、「ロビンソン・クルーソー」のこのシーンは、浅田栄次の弟子の片山寛が高等女学校用の *The Jewel Readers* 3（1927年1月28

日検定済)や、中学校用の *The New Herald Readers for Secondary Schools* 2(1932年1月16日検定済)でも、cannivalsという誤植(正しくはcannibals)も含めて、そっくりそのまま教材化している。ただし女学校用が3年生用であるのに対して、中学用は2年生用である。これは、高等女学校の英語の時数が週3時間程度であったのに対して、中学校(男子のみ)では週6～7時間あったため、両者の間の英語学力差が大きかったからである。

　しかし、「ロビンソン・クルーソー」のこの部分を最初に教材化したのは、浅田栄次や片山寛ではない。これらより先に、アメリカの英語(国語)教科書である *Swinton's Third Reader* (1882)に先の引用部分がほぼそのまま掲載されている。この教科書は日本にも大量に輸入されていたから、浅田らはこれから採ったと思われる。ということは、「ロビンソン・クルーソー」は同時代のアメリカ人が好んだトピックだったのである。その意味では、白人目線から見た野蛮人観が英語教科書を通じて日本に移入されたと考えるべきであろう。

図3-10　「野蛮人」を支配する文明人ロビンソン
(岡田明達 *New Diamond Readers* 3, 1930)

本来は「野蛮人」が住民である絶海の孤島ではあっても、「文明人」であるロビンソンは圧倒的な優位に立つ「ご主人様」(Master)として君臨する。彼は男を救出した曜日にちなんでフライデー(Friday)と名づけ、銃で武装させ、英語を教え、キリスト教に改宗させるなど、「文明人」へと改造するのである。

なお、こうしたロビンソンとフライデーの描き方は、第二次世界大戦後も西脇順三郎ほか著 *Junior English* 3C（1962年検定済：中学）などに引き継がれた。「ロビンソン・クルーソー」が中学用検定英語教科書に最後に登場したのは、佐藤喬ほか著 *New Prince English Course* 3（1981年検定済：中学）だと思われるが、そこではフライデーはsavages（野蛮人）ではなくnatives（原住民）と書かれており、servant（召使い）ではなくmy new friend（新しい友人）という扱いである。

日本が世界5大国に

第一次世界大戦で日本は戦勝国となり、世界の「5大国」と見なされるようになった。もともと「5大国」とは、ナポレオン戦争後のウィーン会議(1814-1815年)以後のヨーロッパの国際秩序である「ウィーン体制」に加盟していたイギリス、フランス、オーストリア帝国、プロイセン王国、ロシア帝国を指していた。いずれも文明段階が5の白人国家ばかりである。

第一次世界大戦後は、ヴェルサイユ条約(1919年)にもとづいた「ヴェルサイユ体制」が新たな世界秩序の中心となった。帝国主義列強のうち、敗戦国のドイツとオーストリア、および革命によって社会主義体制となったロシア（ソビエト連邦）が除外され、戦勝国であるイギリス、フランス、アメリカ、日本、イタリアが世界5大国とされた。このうち、アメリカ以外の4カ国は国際連盟の常任理事国となった。

こうしてついに、「半文明国」とされてきた日本は有色人種の国の中で初めて「世界5大国」として認知され、「文明国」の仲間入りを果たしたのである。塩谷栄著 *Progressive Readers* 2（1925年4月16日検定済：中学・師範）の第27課 Land and Water（領土と領海）は、日本の「5大国」入りを次のように教材化し、英語の国名と国民名を学ばせている。

Land and Water

　The powers of the world are now five in all. They are Japan, England, France, Italy, and the United States of America. The nations are the Japanese, the English, the French, the Italians, and the Americans.

領土と領海

　世界の列強国は全部で5カ国である。それらは日本、イギリス、フランス、イタリア、アメリカ合衆国である。それぞれの国民は、日本人、イギリス人、フランス人、イタリア人、アメリカ人である。

　ご覧のように、きわめてシンプルな英語である。しかし、国名などを教えるにしても、ある種のランキングを設定するだけで題材論的・イデオロギー的な意味が一変するのである。

　もちろん、「5大国」などという区分は、国際情勢によって変化する政治的なものに過ぎない。しかし、ひとたび教科書に記述されると影響は甚大で、これを読んだ生徒たちは「日本がドイツやロシアを押しのけて世界の5大国に成長した」と鼻高々に思い込んだことだろう。

もっとも、こうした政治的なランク付けはすぐに馬脚を現す。日本を「世界3大強国」と評価する英語教科書もあったのである。たとえば、吉岡源一郎・浜林生之助著 *King's English Composition: Fifth Year* (1930年1月16日検定済：中学)は、第17課に次のような例題を載せている。

> 　欧州戦後、日本と英国と米国とは世界の三大強国と称されたものだ。
> 　After the European War, Japan, England, and America were called **the Three Greatest Powers** in the world.

　日本を「三大強国」と見なした根拠は、1922（大正11）年2月に締結したワシントン海軍軍縮条約において、日本が世界の三大海軍国として認知されたことにもとづく。同条約では、アメリカ、イギリス、日本、フランス、イタリアの軍艦の保有比率を、それぞれ5：5：3：1.67：1.67に割り当てた。この結果、日本は英・米の6割の海軍力を保持する世界3位の海軍大国になったのである。

　もとより、海軍力だけで「世界の三大強国」と自称するには無理があった。英米とは比較にならない工業生産力と科学技術力の低さ、半封建的な地主制にもとづく遅れた農業構造、経済力に不相応な巨大軍隊、それらによる国民の貧困などの問題を抱えていたのである。そのため、この *King's English Composition* は、次のような練習問題を課すことで自覚を促している。

> 　日本は三大強国の一つであるが、その科学と経済状態にかけては中々自惚れるどころではない。

何はともあれ、海軍大国日本の象徴が「八八艦隊」、つまり戦艦8隻に巡洋戦艦8隻という巨大な海軍戦力の増強計画だった。その日本連合艦隊の旗艦が、戦艦長門(1919年進水)と戦艦陸奥(1920年進水)である。ともに全長200メートル以上、排水量3万トンを超す巨大戦艦で、口径41センチの巨砲を備えていた。

　岡田実麿著 *Okada's Middle School English* 2(1923年2月3日検定済:中学)には、次のような和文英訳問題が掲載されており、この時代を鏡のように映し出している。

あれは陸奥です、我が海軍で最大の戦闘艦です。
独逸(ドイツ)の長距離砲とはどんなものか云ってごらんなさい。(a long-range gun)
いつ今度の戦争は終るでせうか。(come to and end)
戦争がいつ終局するか誰も分りませぬ。

シベリア出兵と米騒動

　前掲 *Okada's Middle School English* 2には、日本のシベリア出兵(1918-1922年)に関する内容も出題されている。

吾が軍は二年前に西伯利亜(シベリア)に派遣されました。(troops, to be dispatched)
西伯利亜(シベリア)に於ける吾が兵士は身を切るやうな寒さに苦しんで居ります。(to be suffering)

　1917(大正6)年の10月革命で成立したロシアの社会主義政権を打倒すべく、前述の「世界5大国」などの帝国主義列強からなる連合

国は干渉戦争をしかけた。なかでも日本は、列強最大規模の総兵力7万3千人と巨額の戦費を投入した。しかし、結果は何一つ得るものはなく、3千〜5千人もの死者を出し、むなしく撤退した。ロシア側の被害も甚大だった。

上の例題で注目されるのは、「西伯利亜(シベリア)に於ける吾が兵士は身を切るやうな寒さに苦しんで居ります」という記述である。ここには勇ましい兵士の姿は微塵もない。シベリア出兵の大義名分は、「革命軍によって囚われたチェコ軍団を救出する」というものだったが、日本の将兵たちは出兵の正当性を実感できず、士気は低く軍紀は退廃した。逆に、労働者・農民の権力である社会主義政権に共感する者も出た。例文には、兵士たちのこうした厭戦気分が反映しているようである。

さらに、日本では第一次世界大戦の影響により物価が騰貴し、加えてシベリア出兵を商機とみた米の投機によって米価が高騰、人々の生活は困窮した。これらを背景に、1918(大正7)年には全国規模の民衆暴動である「米騒動」が起こった。

神田乃武(ないぶ)著 *The Queen's Crown Readers* 5(1927年12月23日検定済:師範・中学・女学校)には、次のような英作文問題が出題されている。

大戦(The Great War)後、物価が非常に騰貴しました、それで
　少しの月給で(on a small salary)暮らすことは困難です。
兵隊がやって来た時には、暴徒はもう数軒富豪の家を焼き払っ
　て居るところでした。

2問目では焼き討ちの対象が「富豪の家」となっているから、米価をつり上げた投機家や大商人の家を暗示しているのかもしれない。「米騒動」は日本列島の1道3府37県の計369カ所で約50日間にわたって荒れ狂い、参加者は数百万人に達したといわれる。投入

された軍隊は3府23県で10万人以上に及んだ。

　労働争議も頻発した。吉岡源一郎・浜林生之助著 *King's English Composition: Fifth Year*（1930年1月16日検定済：中学）は、第18課に次のような例題を載せている。

> 彼等の賃銀値上げの要求は拒絶されたので、鉱夫達は同盟罷業をした。
> Their demands for a rise in wages were refused, **and so** the miners went on strike.
> 直ぐ仕事にかかりなさい。さもないと罷免するヨ。
> Set to work at once, **or** I will discharge you.

　このように、教科書に戦争とその影響を否定的・懐疑的に描くことは、大正デモクラシーの時代および昭和初期だからできたといえよう。兵士の戦場での苦しみや労働争議などの話題は、1931（昭和6）年に勃発した「満州事変」以降の「非常時」と呼ばれる時代の教科書では徐々に書けなくなっていくのである。

第4章

アジア・太平洋戦争と軍国日本

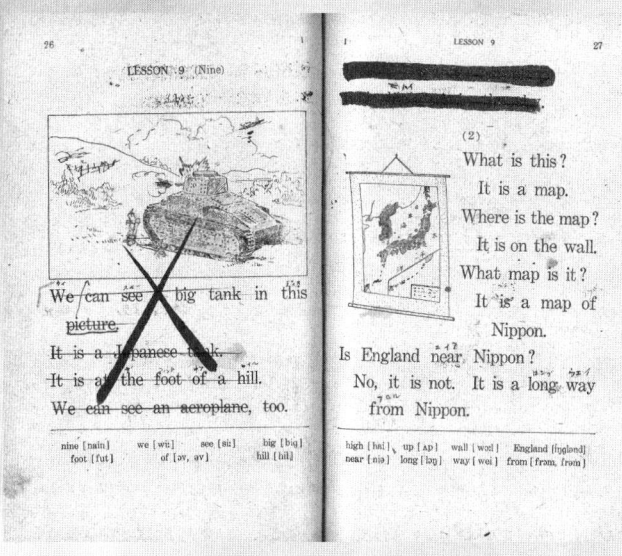

墨ぬりされた〈戦争〉教材
準国定教科書『英語1（中学校用）』（1944年4月8日検定済）

経済不況と貧困

　第一次世界大戦時の「大戦景気」というバブルが崩壊し、日本経済は一転して不況局面に入った。それに追い打ちをかけたのが1923(大正12)年の関東大震災である。震災復興のための震災手形が巨額の不良債権となり、不況による中小銀行の経営難も表面化した。こうして、大正が昭和に改元されて間もない1927(昭和2)年3月、昭和金融恐慌が起こった。さらに1929(昭和4)年に世界大恐慌が起こり、日本もこれに巻き込まれて多くの企業が倒産、失業者が急増するなど、深刻な経済不況に襲われた。

　そうした時代状況を、中学5年生用(現在の高2の学齢)の津田芳雄・上田八一郎著 *The New Era School Composition* 3(1934年2月7日検定済：中学)は、第18課 Economic Conditions(経済状況)の例題で次のように述べている(抜粋)。

　不景気のため失業者が年々増加しつつあることは実に重大問題の一つである。

　Owing to the business depression, those out of employment are steadily increasing in number every year. This is indeed a matter of grave concern.

　諸物価は此の頃大分下ったけれども、収入も又相当に減じているから、一般人の生活は決して楽になってはいない。

　Although prices have rather gone down of late, the living of the general public has not altogether become easy, for the incomes have been considerably reduced accordingly.

　何処の国でも労働者は大抵其の日暮らしをしている。彼らは

> 現在の賃金では一家を支えて行くのが困難なことで、とても貯蓄など出来ない。
>
> In every country, the labourers are generally living a hand-to-mouth life. The present rate of wages is hardly enough to support their families, and they can never manage to save anything.

　こうした不況からの脱出策として推進されたのが、満蒙開拓移民だった。政府は農業恐慌にあえぐ農村の危機打開策として移民を奨励し、各地に満蒙開拓団を組織して、1945（昭和20）年の日本の敗戦までに約27万人を中国東北部の「満州」、内蒙古、華北などに入植させたのである。満蒙開拓移民は、「満州国」が建国された1932（昭和7）年ごろから日本の大陸政策の要として位置づけられた。これが後に、多大な犠牲と残留孤児問題などの大きな悲劇を生むことになる。

「満州国」

　満蒙への開拓移民奨励策は、日本の中国侵略という軍事的な目的と一体のものだった。1931（昭和6）年9月18日の満州事変（柳条湖事件）を契機に、日本は中国東北部（満州）への侵略を本格化した。
　こうした中国大陸への日本軍の侵攻が、やがて米英などとの戦争へと発展する。そのため、近年の研究では1931年の「満州事変」、1937（昭和12）年の日中戦争の全面化、1941（昭和16）年の対米英戦争を含む1945（昭和20）年の敗戦までの戦争の総体を広義の「アジア・太平洋戦争」と呼ぶようになった（倉沢愛子ほか編『岩波講座アジア・太平洋戦争』全8巻、岩波書店、2005〜2006）。本章もこれに従った。

1932(昭和7)年3月1日には、清朝最後の皇帝だった愛新覚羅溥儀を執政(元首)とする「満州国」(Manchukuo)建国が宣言された。しかし、満州国は日本が実質的に支配する傀儡国家だった。

　こうして、1930年代の英語教科書には「満州国」が頻繁に登場するようになる。たとえば、斎藤静著 *Present-day English Readers* 5(1935年12月26日検定済：師範・中学・実業)の第4課はManchukuo(満州国)で、本文ではその経済的・軍事戦略的な意義を次のように紹介している(抜粋)。

図4-1 「満州国」
(斎藤静 *Present-day English Readers* 5, 1935)

Manchukuo

7　Japan must seek to gain from Manchukuo by assisting the inhabitants to develop the country, and by showing them the way. This she has done, and is doing, by building railways, by showing them better farming methods, and by finding new markets and processes by which the utility and value of the products are increased. As the result, Manchukuo, which was until recent years considered by the inhabitants of China proper as a wild and barbarous country, is now becoming to them on a magnificent scale a demonstration of what may be done in their land too. […]

9 Thus the aims of Japan in Manchukuo are above all economic, yet the strategic considerations cannot be overlooked. Japan is well aware of the fact that if dangers should ever threaten her, such are most likely to develop on the continent of Asia.

10 For centuries the Japanese have recognized the possible peril arising from the geographical position of Korea, "the dagger pointed at Japan's heart"; and the strategic necessity of keeping that peninsula free from danger of hostile occupation is indisputable.

11 It is thus to the interest of Japan, both for economic and military reasons, that Manchukuo shall remain peaceful and undisturbed. It is the policy of the Japanese Government, therefore, to remain on terms of friendly cooperation with those who rule Manchukuo, and a strong and far-sighted Government of that country is to the best advantage of Japan.

満州国

7　日本は、満州の住民が国家を発展させるのを支援し指導することを通して、満州国で権益を追求しなければならない。これまでもそうだったが、現在でも、鉄道の建設、農法の指導、生産物の用途や価値を高めるための新市場や方法の開拓を行っている。その結果として、近年まで中国人から野蛮で未開な国だと思われていた満州国は、中国人に対して自分たちの国でもできることを大々的に示しつつある。

> 9 したがって、満州国における日本の目的は特に経済面ではあるが、戦略的意義を看過してはならない。日本への脅威が生じるとしたら、それはアジア大陸で拡大する可能性が高いとわかっているからである。
>
> 10 何世紀も前から、日本人は朝鮮の地理的位置に起因する潜在的危険性を「我が国の心臓を狙った短剣」のようだと認識してきた。従って、敵の占領の危険性から朝鮮半島を守ることが戦略的に不可欠であることは論をまたないのである。
>
> 11 経済と軍事の両面で日本の国益のために、満州国は今後も静穏であらねばならない。それゆえ、日本政府の方針は満州国の支配者との友好協力関係を継続することである。満州国の政府が強固で先見の明のあるものであることは、我が国にとっても最も都合がよいのである。

このうち、7で注目されるのは、「近年まで中国人から野蛮で未開な国だと思われていた満州国」と規定して、日本が近代的な文明を上からもたらすのだとする文明段階説の構図を描いていることである。それ以外の部分では、「満州国」の経済的・軍事戦略的な意味が日本政府の立場から説かれている。

しかし、傀儡国家「満州国」の統治は簡単ではなかった。森巻吉著 New Light Readers 4（1937年1月11日検定済：中学・実業）の第37課 Japan and Manchoukuo（日本と満州国）では、「1932年の満州国の建国、およびその結果としての健全な行政および財政政策の確立、並びに匪賊（bandits）の討伐は、この国における様々な建設事業を円滑に進展させることに寄与した」（原文は英文）とある。また、同教科書5巻第8課の Progress of Manchoukuo（満州国の発展：図4-2）では、「新政府が直面している最も重要かつ緊急な問題は匪賊の討

伐であった。(中略)国を平定するために日本軍と協力して地方自警団が組織された」と述べている。「満州国」においては、中国共産党系の抗日組織や軍閥系の武装勢力などが根強い抵抗を行っており、治安の維持に苦労していたことがわかる。

図4-2 「満州国」の発展と皇帝溥儀
(森巻吉 *New Light Readers* 5, 1937)

「満州事変」が起こった1931(昭和6)年に日本では中学校令が改正され、外国語の選択肢に英語、ドイツ語、フランス語のほかに「支那語」(中国語)が加えられた。中学校令の「施行規則の趣旨」によれば、導入の目的は「我が国と中華民国との関係頗る密接なるに鑑み中学校教育をして実際生活に有用なものたらしむるの趣旨」からであった。ただし、文部省の調査によれば、英語との兼修で支那語を課す中学校は1933(昭和8)年12月現在で5校(0.8%)にすぎなかった。

しかし、実業系の学校では支那語(満州語とも呼ばれた)を課す学校も増えた。石川県の七尾商業学校では、1934(昭和9)年より5年

生に課外として「満州語」を週1時間課し、1938(昭和13)年には5年生に正課として「支那語」が加えられた。1939(昭和14)年6月の全国農業学校長会議では「外国語とし、支那語の学習を奨励して特に拓殖地の語学を加ふること」を決議し、支那語の学習を奨励している(拙著『近代日本の英語科教育史』57ページ)。

1931(昭和6)年にはNHKラジオ放送による「満州語講座」も開講され、「満蒙開拓移民」という国策に国民を動員するために語学講座が利用された(図4-3)。

図4-3 ラジオ「満州語講座」のテキスト(石橋哲爾(講師)『満州語講座』日本放送協会東海支部、1931)

「満州」の地では、軍事作戦用の関東軍参謀本部編『速成満州語自習書』(偕行社、1934)や、満蒙開拓用の『満州開拓青年義勇隊訓練所用満州語会話書』(満州拓殖公社、1938)が刊行されるなど、1930年代は「満州語ブーム」に沸いた。ただし、この時期に流行した「満州語」とは、満州族の固有言語ではなく、時局に便乗して中国語(特に奉天省方言)を満州語と言い換えたにすぎなかった。

上海事変

日本軍の活動は中国東北部にとどまらなかった。「満州事変」から4カ月後の1932(昭和7)年1月、中国の上海(シャンハイ)共同租界周辺で、日本軍と中国軍との間に戦闘が起こった。いわゆる(第一次)上海事変である。「起こった」というより、日本の関東軍が謀略を使って「起こした」のである。上海駐在武官補佐官だった田中隆吉陸軍少

第4章　アジア・太平洋戦争と軍国日本

佐は、「上海事変はこうして起された」(『知性　別冊5　秘められた昭和史』1956)で謀略の真相を暴露した。それによれば、関東軍は中国北部の「満州国」建国に対する国際的な非難をそらすために、中国南部の上海で事件を起こす必要があると考えた。そのために、中国人を金で雇って日本人僧侶を殺害させ、日中間の軍事衝突を演出したのである。

日本海軍は航空母艦2隻、巡洋艦4隻、駆逐艦4隻および陸戦隊約7千人を上海に派遣した。さらに陸軍も金沢の第9師団と久留米の第12師団より編成した混成旅団の約1万7千人を増派した。こうして日本軍は同年2月に上海市北郊の江湾鎮(キンワンチェン)方面で総攻撃をかけたが、中国側の第19路軍の猛攻撃にあい、大苦戦を強いられた。上海事変での戦闘を通じて、日本側の死傷者は3千人を超え、中国側はそれをはるかに上回った。また、中国側住民の死傷者は約8千人、行方不明者は1万人以上に達したという。

上海事変については、三省堂編輯所著 *Drill-Books of English Composition: Advanced Steps* 3(1936年1月11日検定済：中学・実業)の第12課の英作文問題がドラマ仕立てで伝えている。上海事変の激戦で戦死した息子に対して、父は「国の為に死んだことは喜ばしい」と言い、未亡人となった妻も「少しも泣かなかった」。ここで描かれているのは、軍や政府が理想化した家族像である。加えて、最後は英語の学習動機を高めるために、弟は「兄の代わりに立派な陸軍将校になるやうに、士官学校入学の積りで只今(ただいま)大いに勉強している」という設定にしている。

〔兄の戦死〕

僕の兄は歩兵第七連隊附中尉として上海に出征し、江湾鎮の激戦で名誉の戦死を遂げた。父はその知らせを聞いて涙一つ濺(こぼ)

さずに、息子が国の為に死んだことは喜ばしいと言った。兄嫁もさすが軍人の妻だけあって、少しも泣かなかった。僕は兄の代わりに立派な陸軍将校になるやうに、士官学校入学の積りで只今(ただいま)大いに勉強している。

My brother was sent to Shanghai as a lieutenant attached to the 7th Infantry Regiment, and died a glorious death in the severe battle of Kiangwanchen. At the news of his death, my old father said, without shedding a tear, that he was glad that his son had died for the country. My sister-in-law, like the wife of a soldier that she was, did not weep at all. I am now working hard with the object of entering the Military Academy, so that I may become a worthy military officer in place of my brother.

なお、上海郊外の廟行鎮(びょうこうちん)の戦いでは、中国軍陣地の鉄条網を破壊するために破壊筒(爆薬)を抱えた3人の日本兵が自爆し、突撃路を切り開いた。真相は偶発的な事故だったとの指摘もあるが、この件を陸軍大臣だった荒木貞夫が軍国美談に仕立て、「爆弾三勇士」と命名した。これを大々的に報じたマスコミによって3人は一躍英雄に祭り上げられ、陸軍始まって以来ともいわれる弔慰金が国民から寄せられた。

この「爆弾三勇士」については、事件の年に刊行された小日向定次郎・Colins, H. H. 著 *Beginner's New Choice Composition* 1(1932年12月3日検定済：中学・実業)がさっそく英作文教材にした(図4-4)。Willの用法を習わせる教材で、父親が我が子に「爆弾三勇士」の軍国美談を語って聞かせ、最後に息子の決意を問うている(抜粋)。

第4章 アジア・太平洋戦争と軍国日本

図4-4 「爆弾三勇士」の教材
(小日向定次郎・Colins, H. H.
Beginner's New Choice Composition 1, 1932)

〔爆弾三勇士〕

4. お父さん、私達に面白い話をして下さいませんか。

    Will you tell us an interesting story, father?
    よろしい、三勇士の話をしてあげやう。

    Yes, I **will** tell you a story of the three brave soldiers.
5. あなたは彼等のやうな勇敢な兵隊になりますか。

    Will you become a brave soldier like them?
    はい、私は国の為に死ぬつもりです。

    Yes, I **will** die for my country.

　息子は父親に「はい、私は国の為に死ぬつもりです。」(Yes, I **will** die for my country.)と自分の決意を伝えている。このwillは、用法的には「意志未来」である。しかし、はたしてどこまで本当の「自分の意志」なのであろうか。教科書や教育によって、また周囲の「空気」によって作られた意志は、本当に自分の意志なのだろうか。そうした葛藤は、戦没学生の手記『きけ わだつみのこえ』(岩波文庫)を読むと痛いほど伝わってくる。

しかし、一人ひとりがどれほど心に葛藤をかかえていようとも、国家の意志（より正確には軍閥や財閥の意志）は歴史の歯車を無慈悲に回してしまう。1930年代の日本は、歯止めのない軍備拡張および大陸侵略へと突き進んでしまうのである。

海軍力の増強

　帝国主義列強の海軍兵力は1922（大正11）年のワシントン海軍軍縮条約で制限され、日本は対英米比6割の艦船保有量を確約していた。また、1930（昭和5）年のロンドン海軍軍縮条約では、補助艦の保有にも制限が課された。しかし、1933（昭和8）年に日本は列国の「満州国」不承認に反発して国際連盟を脱退し、翌1934（昭和9）年に軍縮条約破棄を通告、1936（昭和11）年に条約が失効した。これにともない、1938（昭和13）年には英米両国も海軍軍縮条約を実質

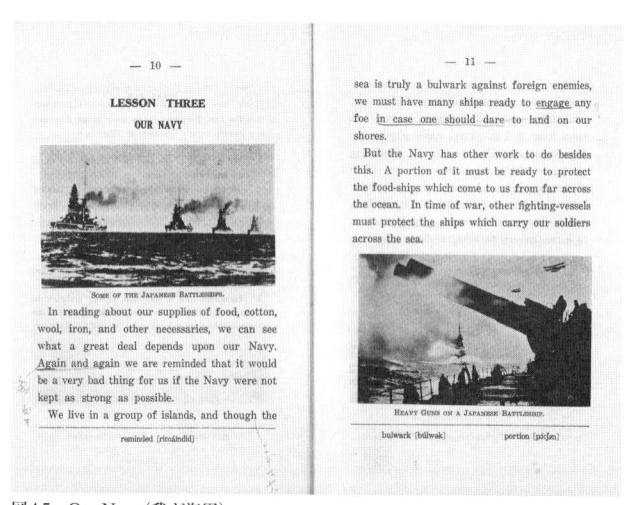

図4-5　Our Navy（我が海軍）
（神田乃武 *The New King's Crown Readers* 5, 1935）

第4章 アジア・太平洋戦争と軍国日本

的に失効させた。こうして、列強の建艦休止期間（Naval Holiday）は約15年で終わりを告げ、際限のない軍拡競争へと突入していく。

そんな海軍力の増強時代を象徴する教材も登場した。神田乃武著（実際の著者は長岡擴）*The New King's Crown Readers* 5（1935年1月15日検定済：中学・実業）の第3課 Our Navy（我が海軍）である（抜粋）。

OUR NAVY

We live in a group of islands, and though the sea is truly a bulwark against foreign enemies, we must have many ships ready to engage any foe in case one should dare to land on our shores. […]

Even in peace time, the Navy is very busy. The men must keep themselves fit, and practice their firing and other work; for they never know when or where war may break out. […]

The Navy also has a number of flying machines known as sea-planes, as well as special ships for launching them. These air-craft are very useful for flying over the enemy's fleet or naval bases and finding out what is being done. They have also been used to drop bombs on hostile ships. […]

I need scarcely tell you that even in peace-time we spend a great deal of money upon our Navy. It does not seem a great deal to pay for safety after all.

我が海軍

我々は島国に暮らしている。周囲の海洋は確かに外敵への防壁となってはいるが、外敵が無謀にも上陸を企てることに備えて、多くの艦船を交戦準備状態にしておかなければならない。

平時でさえ、海軍は多忙を極める。兵士は身体を堅固に保

> ち、銃火器の訓練に余念がない。いつどこで戦争が勃発するかわからないからである。
> 　海軍は、水上機で知られる飛行機や離艦用の特殊艦船を備えている。航空機は、敵艦隊や海軍基地上空を飛行し、敵情を知る際に極めて有用である。さらには、敵艦への爆弾投下にも使用されてきた。
> 　あらためて言う必要はないと思うが、平時であっても海軍への支出は多額である。とはいえ安全のための支出であるから、払い過ぎているとは言えないであろう。

　特に重要なのは、最後の軍事費に関する肯定的な記述である。前述の軍縮条約破棄によって、日本は1937（昭和12）年から建艦計画を2年おきに策定した。この中には、戦艦大和と武蔵、空母の瑞鶴、翔鶴などの超大型艦が含まれており、巨額の軍事費を必要とした。しかも、1937年に日本は日中戦争に突入したから、その戦費も莫大だった。国家財政に占める軍事費の割合は、日中戦争以前の軍縮体制下では12〜18％だったが、日中戦争後から太平洋戦争開始までの1934〜41（昭和9〜16）年度には35〜54％にまで跳ね上がったのである。

　当然、膨れあがる軍事費は国民生活を圧迫した。しかし、上記の英語教材は「海軍への支出は多額である」が、「安全のための支出であるから、払い過ぎているとは言えない」と生徒たちに言い聞かせている。英語教科書が世論工作に一役買っていたのである。

　こうした世論工作的な教材は他にもたくさんある。今度は英作文教科書から類例を挙げておこう。三省堂編輯所著 *Drill-Books of English Composition: Advanced Steps* 3（1936）は次のような練習問題を載せている。

> 　我が国はあらゆる戦争に勝利を占めて来た(＝勝利者であった)から、一度も外敵に侵略された事がない。万一我が国に敵が侵略する危険があれば、凡(すべ)て壮健な日本人は流石(さすが)は愛国者だ、直ちに立って国の護りに任ずる。我が国は確かに年々多額の金を陸海軍の為に費すのであるが、我が軍備の目的は決して攻撃的ではない。

　およそ、すべての戦争は「自衛」のためであるとして自己を正当化する。ナチス・ドイツの侵略軍も、名称は「ドイツ国防軍」だった。まことに言葉は怖い。実態を正確に表すとは限らないからである。広島に落とされた原爆はLittle Boy(おちびさん)と名づけられたが、史上空前の破壊力で大量殺戮を招いた。

　だからこそ、言葉に敏感で、その背後にある本質を正しく認識できる子どもを育てることが、言語教育の使命である。「積極的平和主義」なる美名の裏に、どれほどの侵略性が隠されているかを想像し、洞察できる人間を育てたい。

平和を望む教材

　困難な時代の中にあっても、平和への願いを盛り込んだ教材もわずかながら存在した。1930年代のそんな教材を紹介しよう。

　Elder, C. G.・瀧川規一・須貝清一著 *Up-To-Date English Composition* 3(1931年11月14日検定済：師範・中学)の第8課には、次のような例文が掲載されている。

> 3. 何れ（いず）の国でも、世界の大勢を知らず、偏狭なる愛国心によって盲動し、国家の患（かん）を醸（かも）すものがあるのは誠に憂ふべきことです。
>
> **It** is a matter for genuine regret **that** in every country there are some who, ignorant of the general trend of the world, stir up trouble for the State by acting blindly through narrow-minded patriotism.

「偏狭なる愛国心」と否定的に表現している教材は珍しい。しかしその後、愛国心はあらゆる場所で肯定的に強調されるようになる（後述）。

中学4年生用（現在の高1の学齢）の津田芳雄・上田八一郎著 *The New Era School Composition* 2（1934年2月7日検定済：中学）は、78ページに次のような8つの練習問題を掲載している（全文）。

> ### EXERCISE
>
> 1. 日本は陸海軍両方とも縮少した。
> 2. 我が軍の突撃激しく、敵は遂に退却の止むなきに至れり。
> 3. 今後永久に戦争はなくしたいものである。
> 4. 皇国の興廃此の一戦にあり、各員奮励努力せよ。
> 5. 各国の青年が戦争に興味を感じている間は永久に世界平和は実現さるべくもない。
> 6. 戦争はお互を理解しないから起るのではないでせうか。
> 7. 戦争といふものは、どうしても避けることが出来ないでせうか。
> 8. 世の中に喧嘩の好きな人や、野心家や、他人の苦痛を何とも思はぬ人が多勢居る間は、戦争は起るものと考へなければなりますまい。

第4章　アジア・太平洋戦争と軍国日本

　このうち、2と4だけが全体の流れに合わない。試みにこの2つを除いてみると、残りはすべて反戦と平和を願う一連のメッセージとなっている。そうした思想をカモフラージュするために、著者はあえて2と4を挿入したのだろうか。

　これ以外にも、たとえば鈴木富太郎著 *Girls' New Nation Readers 3*（1936年2月5日検定済：女学校）には、英作文課題として「私達が興味をもっていますのは戦争ではなくて平和です。」という問題が載せられている。しかし、願い空しく、この翌年に日本は日中戦争に突入してしまうのである。

　1920年代から30年代前半には、労働者・農民などの無産階級に基盤を置く日本共産党などの無産政党が反戦・反帝国主義の立場から活動していた。1931（昭和6）年に満州事変が勃発すると、全国労農大衆党も対支出兵反対闘争委員会（委員長は大山郁夫、のちに堺利彦）を立ち上げ、大陸への侵略戦争に抵抗した。しかし、弾圧などによって活動は困難をきわめ、やがて公然と反戦を唱えること自体が不可能になっていった。

　もとより、文部省検定教科書にこうした反戦の主張が公然と載ることは不可能だった。しかし、この時代の反戦・反帝国主義の息吹を無視することは、公平な歴史記述ではあるまい。そこで、社会教育的な英語教材である松本正雄著『プロレタリア英語入門（*A First Course of Proletarian English*）』（鉄塔書院、1932）の内容の一部を紹介したい。この本は国会図書館にも全国の大学図書館にも所蔵されていない幻の英語教科書であるが、時代の一面をリアルに表現している。同書は序文で、プロレタリア（労働者階級）が語学を学ぶ意義を次のように述べている（4～5ページ）。

　　我々が語学を研究しやうと言ふのは、決して見栄や誇りのためではなく、植民地侵略や、外交戦や、等々のお先棒をつとめ

るためではなく、語学を武器としてブルジョアジイと闘ふためなのだ。我々は一つの語学を知ることによって今迄よりも、より速(すみやか)に海外のプロレタリアートの状勢を知ることも出来るし、また労働者階級の国際的な連帯心を養ふことも出来るのだ。

同書は、発音、綴り、基本的な文法などの解説・練習をふまえ、最後に次のような英文解釈問題と訳文を掲載している。1930年代の時代状況を伝える英文である。

> The intensification of the class struggle in the capitalist countries, the striving of the bourgeoisie to find a way out of the crisis at the expense of the USSR, their dread of victorious socialism, the collapse of the tactics based on the expectations of the capitalistic degeneration of the USSR, and on support of the moribund counter-revolutionary classes (the kulaks, the urban NEP bourgeoisie) impel the world bourgeoisie to adopt the tactics of striking from without by means of economic blockade and military intervention.
>
> 資本主義諸国に於(お)ける階級闘争の激化、USSR〔ソビエト社会主義共和国連邦〕を犠牲にして危機から脱出する方法を求める焦慮、勝ち誇る社会主義に対する彼等の極度の恐怖、USSRの資本主義的な堕落の期待と、死滅し行く反革命的諸階級(富農及び都市のネップ・ブルジョアジイ)の支持とに基礎を置く戦術の挫折、等は、世界のブルジョアジイをして、経済的封鎖と軍事干渉によって、外部から攻撃する戦術を採用することを余儀なくせしめる。

最後に書かれている「外部から攻撃する戦術を採用する」といった懸念は、現実のものとなる。1941(昭和16)年6月、ナチス・ドイツ軍が独ソ不可侵条約を破り、ソビエト連邦への大規模な侵攻を開始したのである。ソ連はこの戦争に勝利したものの、2千万人を超す犠牲者を出すなど甚大な被害を受けた。

ドイツのソ連侵攻に先立ち、「満州」に展開する日本の関東軍も1939(昭和14)年に満州国とモンゴル人民共和国との国境線をめぐる紛争であるノモンハン事件を起こし、ソビエト軍と交戦。機械化され機動力を誇るソ連軍に敗北を喫し、2万人近い死傷者を出した。積善館編輯所著 *Koa Kogyo Readers*(非検定、1942年5月発行)には、ノモノハンでの戦闘を扱った教材が掲載されている。この当時、ノモンハン事件の真相は国民に隠されており、日本が勝利したことになっていた。

教科書への国家統制強化

満州事変(1931年)から日中全面戦争(1937年)を経て日本の戦時体制が強められる時代には、教育および教科書に対する国家統制も強化された。1938(昭和13)年には国家総動員法が制定され、総力戦を遂行するために、すべての人的・物的資源を政府と軍が統制運用できる体制が敷かれた。

1932(昭和7)年11月、文部省はそれまで自由採択制だった実業学校の普通科目用の教科書を、すべて検定対象とした。総力戦下での工業生産力の向上を図る目的から実業教育の育成強化が図られ、1935(昭和10)年6月には実業教育振興委員会(のちの実業教育振興中央会)が設置された。さらに1941(昭和16)年12月には国策会社である実業教科書株式会社が設立され、実業学校の専門科目用教科書を一元的に発行することで、事実上の国定化を進めた。

1935(昭和10)年8月、政府は「国体明徴声明」(第一次)を出し、日本は天皇の統治する国家であることを宣言した。これらを踏まえ、1937(昭和12)年5月、文部省は『国体の本義』を全国の学校・社会教化団体等に配付し、「大日本帝国は、万世一系の天皇皇祖の神勅を奉じて永遠にこれを統治し給ふ。これ、我が万古不易の国体である」として、民主主義や自由主義などは日本の国体にそぐわないとした。

　こうした時代の「空気」を反映して、1936(昭和11)年8月、上條辰蔵は*Standard Commercial School Readers*の「はしがき」に、「現下の非常時局に鑑み、国体明徴の立場から学生にとって多少とも不適切と思はれる教材は他の清新にして多趣味なものに取替へた」との改訂方針を書いた。

　1938(昭和13)年、政府は高等学校や高等専門学校の教科書の国家統制に着手した。明治の自由民権運動を鼓舞したJ. S. ミルの*On Liberty*(自由論)、ジョージ・ギッシングの*The Private Papers of Henry Ryecroft*(ヘンリー・ライクロフトの手記)、オルダス・ハックスレーの短編などが「自由主義的である」として禁止され、人気だったトマス・ハーディの小説も「恋愛ものは風俗紊乱の恐れがある」として不許可となった。他方で、科学技術・政治・経済・外交などに関する実用的な語学教材が推奨された。

　横浜専門学校(神奈川大学の前身)では、陸軍屈指の英語の使い手で、流暢な「マシンガン・スピーチ」で有名な江本茂夫中佐が英語を教えていた。彼が編集した英語教科書*Emoto's Vivid English*(開拓社, 1936)には、時事的な内容の英文、コナン・ドイルの作品、スピーチのモデル文などに加えて、附録に日本陸軍の「戦闘綱要」(Battle Principles, 1929)が日英対訳で付けられている。これは、江本が1934(昭和9)年に英訳した『戦闘綱要』(偕行社編纂部発行)の一部を再録したもので、その内容は次の通りである(抜粋)。

第4章　アジア・太平洋戦争と軍国日本

戦闘綱要

第一　軍の主とする所は戦闘なり。故に百事皆戦闘を以て基準とすべし。而（しこう）して戦闘一般の目的は敵を圧倒殲（せん）滅して迅速に戦捷（せんしょう）を獲得するに在り。

第二　戦捷の要は有形無形の各種戦闘要素を総合して敵に優る威力を要点に集中発揮せしむるに在り。訓練精到にして必勝の信念堅く軍紀至厳にして攻撃精神充溢（じゅういつ）せる軍隊は能く物質的威力を凌駕して戦捷を完（まっと）うし得るものとす。

第三　必勝の信念は主として軍の光輝ある歴史に根源し、周到なる訓練を以て之を培養し、卓越なる指揮統帥を以て之を充実す。赫々（かっかく）たる伝統を有する国軍は、愈々（いよいよ）忠君愛国の精神を砥礪（しれい）し、益々訓練の精熟を重ね、戦闘惨烈の極所に至るも上下相信倚（あいしんい）し毅然として必勝の確信を持せざるべからず。

Battle Principles

(1) The main object of an army is battle. Therefore all things must be based on battle.
The one object of battle is to overcome and annihilate the enemy's forces and reap the fruits of victory as quickly as possible.

(2) The secret of success lies in the combination of all material and moral requisites for war, and the concentration and development of the necessary strength to overcome the enemy.
The army, thoroughly trained, firm in the conviction of certain victory, strictly disciplined, and full of the

137

> offensive spirit, can well be successful against heavy material odds.
> (3) The conviction of certain victory, is based mainly on the glorious history of the army, is fostered by thorough training and is perfected by distinguished leadership and command.
> The national army which has a brilliant tradition must heighten the spirit of loyalty and patriotism, must develop its training to maturity, and even in the extreme hardships of war must adhere resolutely to the conviction of certain victory through mutual trust among all ranks.

　なお、高松高等商業学校(香川大学経済学部の前身)の中村賢二郎教授は、中国戦線で戦死した教え子の山本寛一を偲ぶ和文英訳教材『あゝ山本軍曹(和英対訳)と老兵戦話(英和対訳)』(ヤングメン通信社出版部、1942)を刊行している。戦時下の希有な英語教材である。

　1940(昭和15)年10月、日中戦争による物資難と用紙統制を根拠に、文部省は「昭和十六年度中等学校等教科書に関する件」を通牒し、使用可能な教科書を読本や文法などの各種目別に5種以下に制限した(いわゆる「5種選定」)。そのリストは『英語青年』1940年12月15日号に掲載されている。同様に、朝鮮総督府による5種選定のリストも『英語青年』1941年1月1日号に掲載されている。

「満州国」と中国占領地での教科書統制

　戦争には言論・思想統制と教育統制がともなう。教科書統制は日本国内にとどまらず、「満州国」や日本軍の中国占領地にも及んだ。
　「満州国」では、英語教科書から親中国的ないし反満州・反日本

的、三民主義的な教材の排除が進められた。文教部編審官室編『教科書審査報告書』(1937)によれば、中国人が執筆した15冊の英語教科書が不認可となった。その理由は、「支那的教材を過多に含む」が10冊と全体の3分の2を占め、「反満反日的教材を含む」が3冊(2割)、「三民主義的教材を含む」「その他」が各1冊である。不許可とされた教科書の英文例を読んでみよう(沈彬著『新中学混合英語』第3冊、1925)。

> The Republic of China covers about one fourth of Asia, and is larger than all Europe. China is rich in mineral resources too. But they are still undeveloped. Hence she is not a poor country after all.
>
> The Chinese are a wonderful people. They are clever and hard-working. (中略) They are patient, peace-loving, and broad-minded. So there is great hope for China.
>
> 中華民国の面積はアジアのほぼ4分の1に及び、ヨーロッパ全土より広大である。中国は鉱物資源も豊富であるが、依然として未開発である。ゆえに、実は貧しい国ではないのである。
>
> 中国人は素晴らしい民である。利発で勤勉である。(中略)忍耐強く、平和を愛し、心が広い。だから、中国には大きな可能性がある。

このように、政治的な主張はまったく見られず、中国のお国自慢をしているだけなのだが、これが「満州国」の統治者には「支那的教材を過多に含む」と見なされたのである。中国民衆のナショナリズムを当局が過敏なまでに恐れていたことがわかる。なお、「満州」における英語教育については佐藤惠一の一連の研究がある。

「満州国」に次いで、日本の関東軍は1935(昭和10)年12月に河

北省(古名は冀)の東部に傀儡政権「冀東防共自治政府」を樹立させた。1937(昭和12)年12月には北京(北平)に「中華民国臨時政府」を樹立させ、1938(昭和13)年3月には「維新政府」を南京に作らせた。また、1940(昭和15)年3月には汪精衛(汪兆銘)の「国民政府」を南京に成立させた。

こうした占領地で中国民衆の民族主義に対抗し、円滑な統治を進めるために、日本軍は文化工作としての教育活動を展開した。その一貫として、「満州国」におけるような教科書統制を実施し、三民主義的・排日・反「満州」的・親ソビエト・共産主義容認的な教科書の改訂事業を実施し、独自の教科書を発行した。

こうして発行された英語教科書は、初等中学校(現在の中学校相当)と高級中学校(高校相当)を合わせて、現在5種13巻の存在が確認されている。それらの内容を分析すると、それまでの蒋介石率いる国民党政権下の教科書とは異なり、政治・経済・社会・歴史・日本・英米などに関する題材がほとんどなく、政治的に「無色」な教材が集められている。国民党政府の三民主義的で反日的な教材を解毒するために、題材内容を徹底して「脱イデオロギー化」したと考えられるのである(拙著『英語教育のポリティクス』147ページ)。

初等中学校用の『初中英語 2』(1938)の第2課 How a Fool Kept an Old Saying(愚者はいかに古い諺を守ったか)を見てみよう(図4-6)。ここには、「将棋を見ている間は話しかけるな」という古い諺を守って、自宅の火災を知らせなかった中国人の「愚者」が登場している。中国人への偏見をわずかに感じさせる希有な例である。

日中戦争

1937(昭和12)年7月の盧溝橋事件によって日中全面戦争に突入すると、日本では戦時体制が一挙に強まり、英語教科書の中に〈戦

第4章 アジア・太平洋戦争と軍国日本

図4-6 中国占領地で刊行された『初中英語 2』(1938)

図4-7 大砲や戦車で文字指導
(飯島東太郎 *New Japan Readers* 1, 1939)

争〉教材が急増した。飯島東太郎著 *New Japan Readers* 1(1939年10月14日検定済：実業)は、大砲(gun)や戦車(tank)の大きな写真を添えて入門期の文字指導を行うことで、戦争への関心を喚起する教材となっている(図4-7)。

1937年12月に日本軍は中華民国の首都南京市に砲撃と空爆を加え、国民政府軍トップの蔣介石は南京を離れた。12月13日に南京は陥落し、日本軍の占領下で、いわゆる「南京大虐殺」(南京事件)が起こる。この南京攻略戦について、勝俣銓吉郎著 *Paramount English Composition* 3(1938年12月3日検定済：中学・実業)は次のような英作文問題を載せている。後半の練習問題は、同じ教科書の第2巻(検定年月日は同一)からである。

　南京空襲で、重爆撃機から落とされた爆弾がその建物に当り、屋根を貫き、丁度司令官の室に落下した。

In the airraids upon Nanking, a bomb thrown from a heavy-bomber hit the roof of that building and fell into the very chamber of the chief.

(練習問題)

兵士たちは数条の縄梯子で城壁を登り日章旗を掲げた。(縄梯子　a rope ladder　　城壁　a wall　　掲げる　to hoist)

日本兵が支那に駐屯して居りさへすれば東洋の平和は維持されるのだ。(駐屯する　to be stationed　　維持する　to maintain)

　神田乃武の名義で三省堂から刊行した *Crown Readers* シリーズは、1916(大正5)年の初版から何度も版を重ね、トップレベル採択率を誇った教科書で、その後継の教科書は今なお中学・高校で使われている。その *Crown Readers* でも、日中戦争後には〈戦争〉教

第4章 アジア・太平洋戦争と軍国日本

材が一気に増えた。

　神田乃武・三省堂編輯所著 *The New King's Crown Readers* 2（1939年7月1日検定済：師範・中学・実業）を開いてまず目に飛びこんでくるのは、中国戦線からの帰還兵が描かれたカラーの口絵である（図4-8上）。この絵の内容は、第2課のWelcome Home（お帰りなさい）で、次のように述べられている。

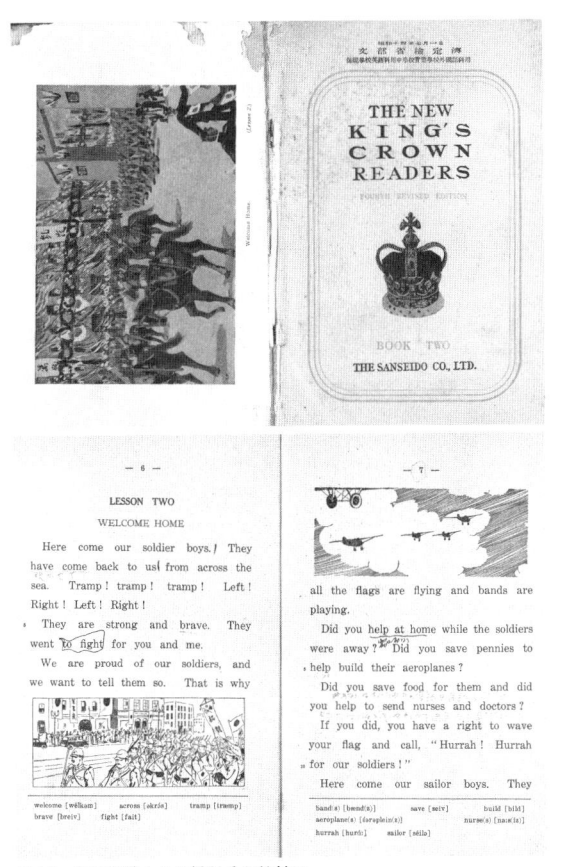

図4-8　中国戦線からの帰還兵が教材に
（神田乃武・三省堂編輯所 *The New King's Crown Readers* 2, 1939）

WELCOME HOME

Here come our soldier boys. They have come back to us from across the sea. Tramp! tramp! tramp! Left! Right! Left! Right!

They are strong and brave. They went to fight for you and me.

We are proud of our soldiers, and we want to tell them so. That is why all the flags are flying and bands are playing.

Did you help at home while the soldiers were away? Did you save pennies to help build their aeroplanes?

Did you save food for them and did you help to send nurses and doctors?

If you did, you have a right to wave your flag and call, "Hurrah! Hurrah for our soldiers!"

Here come our sailor boys. They have come back to us from across the sea. Tramp! tramp! tramp! Left! Right! Left! Right!

They sailed away in big warship to work and fight for you and me.

They took care of all the good ships at sea.

Now all our flags are flying and bands are playing as they march up the street.

This is to tell the sailors that we are proud of them.

Did you help at home while the sailors were at sea?

Did you save your pennies to help build ships and aeroplanes?

If you did, you have a right to wave your flag and call "Hurrah! Hurrah for our sailors!"

お帰りなさい

陸軍の兵隊さんたちがやって来ます。海の向こうから帰って

来たのです。歩け、歩け、歩け！　左右、左右！

　強くて勇ましい兵隊さんたち。彼らは、私たちのために戦に出ていたのです。

　我らの誇る兵隊さん、そう伝えてあげたいですね。だから、旗が翻り、楽隊が演奏しているのです。

　兵隊さんが戦地に行っていたときに、国内のみなさんは何か手助けをしましたか。飛行機製造の助けになるよう、貯金をしましたか。

　兵隊さんのために食料を節約したり、看護婦さんやお医者さんを派遣する手助けをしましたか。

　そのような協力をした人には、旗を振って「兵隊さん、万歳！」と叫ぶ権利がありますよ。

　海軍の水兵さんたちがやって来ます。海の向こうから帰って来たのです。歩け、歩け、歩け！　左右、左右！

　水兵さんは、大きな戦艦に乗って海を渡り、私たちのために戦って来ました。

　海上では、艦船の維持に関わる業務を行って来ました。

　さあ、水兵さんが行進して来たので、旗が翻って楽隊は演奏しています。

　我らの誇る水兵さん、と伝えるためなのです。

　水兵さんが海上で戦っていたときに、国内のみなさんは何か手助けをしましたか。

　艦船や飛行機を製造する助けとなるよう、貯金をしましたか。

　そのような協力をした人には、旗を振って「水兵さん、万歳！」と叫ぶ権利がありますよ。

前半は陸軍、後半は海軍で、一部の字句以外はほとんど同じパターンの英文が繰り返されている。それが行進を思わせる独特のリズムを生んでいるともいえるが、陸軍と海軍の両方に気をつかった編集だと考える方が妥当だろう。

　それにしても、貯金や食料節約などで軍に協力をした人だけが「旗を振って『兵隊さん、万歳！』と叫ぶ権利がありますよ」というのは、完全に国策のプロパガンダである。日中戦争直後の1937（昭和12）年9月、第一次近衛内閣は全国民を戦争遂行に協力させるため「国民精神総動員」を発令し、消費節約、貯蓄奨励、勤労奉仕などによって国民が「滅私奉公」の精神で国家に尽くすことを要求した。こうした国策に同調しない人間は「非国民」と呼ばれる時代になっていったのである。

　こうした「国民精神総動員」の思想は、英作文教科書によっても子どもたちに刷り込まれた。勝俣銓吉郎著 *Paramount English Composition* 3（1938年12月3日検定済：中学・実業）は次のような英作文問題を載せている。後半の練習問題は、同じ教科書の第2巻からである。

　国民精神総動員の初会合が日比谷で開かれた。

　The initial meeting of the Movement for National Spiritual Mobilization was held at Hibiya.

　真の日本精神は、有事の際に全国民一致団結して国家の為に尽す時に於て最もよく現れる。

　The genuine national spirit of Japan is best manifested **in time of emergency** when **all members of the nation** place themselves as one man in the service of to the State.

第4章　アジア・太平洋戦争と軍国日本

> 　現時の情勢に鑑み、皆さんに経費の節約をお願ひ致し、出征兵士の困窮や家族の救済資金に応分の義捐をして戴きたいものです。
>
> 　In view if the present situation I should **like** you all to **practise** economy in expenses and **contribute** as much as you can towards the relief fund for the distressed families of soldiers at the front.
>
> ### (練習問題)
>
> 　彼は勤勉と忍耐のお陰で沢山金を貯蓄した。(忍耐　perseverance)
>
> 　国力増進のため国民が挙って勤倹なる生活を送って居るのは喜ばしい事だ。(勤倹なる生活を送る　to lead a life of thrift and industry)

　国民精神総動員の一環として、さかんに愛国心教育が強められるようになった。1937 (昭和12) 年に内閣情報部 (1940年に情報局) が「国民が永遠に愛唱すべき国民歌」を公募したところ、全国から57,578件もの応募があり、島崎藤村や北原白秋らの審査員によって「愛国行進曲」が選定された。その「愛国行進曲 (Patriotic March)」を、斎藤静著 *Present-day English Readers* (1939年12月6日検定済：師範・中学・実業) は5巻すべての巻頭に日本語と英語、しかも楽譜付きで載せている (図4-9)。

図4-9 「愛国行進曲」
(斎藤静 *Present-day English Readers*, 1939)

ヒトラーとムッソリーニ

　1933(昭和8)年にドイツではアドルフ・ヒトラー(1889-1945)が権力を握った。悪夢の幕開けである。そのドイツと日本は、ともにソビエト連邦を仮想敵国としていた。そうした思惑から、両国は1936(昭和11)年11月に「共産『インターナショナル』に対する協定」(日独防共協定)を締結し、ソビエトを盟主とする国際共産主義運動への共同闘争を世界に宣言した。

　翌1937(昭和12)年11月にはムッソリーニ(1883-1945)率いるイタリアが加わり、日独伊防共協定となった。これが1940(昭和15)年9月の日独伊三国同盟へと発展することになる。この軍事同盟によって、日本はドイツと対立していたイギリスやオランダ、さらにはアメリカとの関係を悪化させ、翌年には太平洋戦争へと突入することになるのである。

第4章　アジア・太平洋戦争と軍国日本

　こうした時代状況を受け、勝俣銓吉郎著 *Paramount English Composition* 3（1938年12月3日検定済：中学・実業）は次のような練習問題を載せている。

---

7. 国防を充実して国家の安全を計るべきだ。

　We should try to *maintain the safety of the State* with the completion of *national defence*.

8. 防共協定が日・独・伊の間に結ばれた。

　An anti-Comintern Pact was reached among Japan, Germany, and Italy.

　この時期の日本では、ヒトラーもムッソリーニも人気があった。1938（昭和13）年にはヒトラー・ユーゲント（ヒットラー青少年団）が来日し、北原白秋作詞の歓迎歌「万歳ヒットラー・ユーゲント」が作られるなど、国を挙げての大歓迎を受けた。英語教材にも取り上げられ、深見義一著 *Dainippon Business Readers* 2（1939年11月1日訂正再版）の第22課はズバリ The Hitler Jugent（ヒットラー青少年団）と題されている。

　ヒトラーとムッソリーニの両方を登場させた教科書もある。斎藤静著 *Present-day English Readers* 3（1939年12月6日検定済：師範・中学・実業）である（図4-10、図4-11）。まず、ヒトラーを扱った教材を見てみよう（全文）。

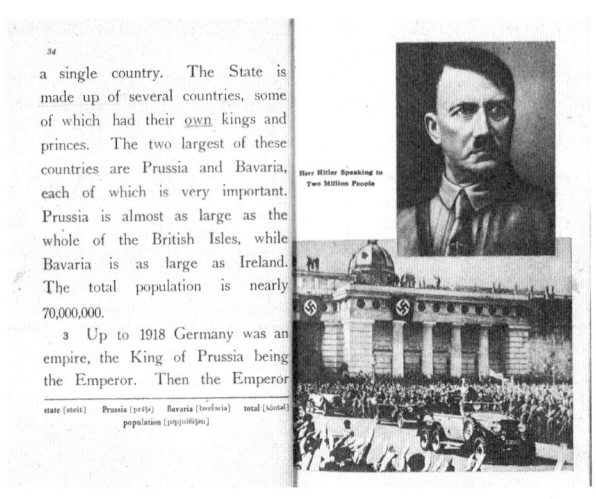

図4-10 アドルフ・ヒトラー(斎藤静 *Present-day English Readers* 3, 1939)

Adolf Hitler and the Nazi Germany

1 This remarkable picture shows the most important person in Germany, Herr Hitler, who is speaking to more than two million people on the big landing ground on the Tempelhof Air-port in Berlin. Over a hundred loud-speakers were used, and the words of the speaker could be heard even at the farthest edge of the vast crowd, nearly a mile away.

2 Germany is not exactly like a single country. The State is made up of several countries, some of which had their own kings and princes. The two largest of these countries are Prussia and Bavaria, each of which is very important. Prussia is almost as large as the whole of the British Isles, while Bavaria is as large as Ireland. The total population is nearly 70,000,000.

3 Up to 1918 Germany was an empire, the King of Prussia

being the Emperor. Then the Emperor gave up his sovereign power and Germany became a republic with a president. The President really took the place of the Emperor, except that he was elected, and he had all the power of the Emperor.

4 General von Hindenburg, who died in August, 1934, was the second President. Next to the President, the most important person in the Republic was the Chancellor, who actually did the work of ruling the country for the President, Herr Hitler, the leader of the Nazis, became Chancellor in 1933.

5 The Nazis, or National-Socialists, are a political party who are in power in Germany, and their symbol is the swastika. The Nazis always salute the swastika and one another by holding out their arm with the palm downwards. When Hindenburg died, Herr Hitler became President as well as Chancellor. He annexed Austria in 1938 and part of Czecho-Slovakia in 1939. Under his rule Germany is becoming stronger than ever.

アドルフ・ヒトラーとナチス・ドイツ

1 この刮目すべき写真は、ドイツの最重要人物ヒトラーが、ベルリンのテンペルホフ飛行場の滑走路で200万人以上の聴衆に向かって演説している様子である。拡声器が100台以上使用され、1マイル〔1.6km〕近く後方の大群衆の最後列にまで、演説の声は届いているのであった。

2 ドイツは、正確に言えば一つの国家ではない。7つの国からなる連邦国家で、中には独自の王や王子を戴く国もある。最大の国家はプロイセンとバイエルンで、どちらも極めて重要な国である。プロイセンの面積は英国諸島全体に近く、バイエルンはアイルランドと同面積である。この2国の人口を合計する

と7千万人近くになる。

　3　1918年まで、ドイツは帝国であり、プロイセン国王が皇帝を兼ねていた。しかし皇帝が王権を返上し、ドイツは大統領を置く共和国となった。大統領は選挙で選ばれた点だけが皇帝と異なっており、皇帝の全権力を継承した。

　4　1934年8月に死去したヒンデンブルク元帥は、第2代大統領を務めた。大統領に次ぐ、共和国の要人が首相であり、大統領に代わって国家統治の実務を担当した。ナチス党首のヒトラーは1933年に首相に就任した。

　5　ナチス、すなわち国家社会主義党は、ドイツで権力を握る政党である。ナチスの象徴はカギ十字であり、党員同士は手のひらを下に向けて手を伸ばして敬礼する。ヒンデンブルクが死去すると、ヒトラーは首相と大統領を兼務することになった。ヒトラーは、1938年にはオーストリアを、1939年にはチェコ・スロバキアの一部を併合した。ヒトラーの統治下で、ドイツはかつてないほどに強大な国家となりつつある。

　このように、第二次世界大戦に火を付けることになるナチス・ドイツのポーランド侵攻直前までの記述であるため、全体的には穏当な内容である。しかし、このあとヒトラーがいかに暴虐の限りを尽くしたかは歴史の知るところである。

　その点では、イタリアのファシスト党を率い、暴力的な独裁政治の代名詞ともなったファシズムの立役者ムッソリーニも同様である。彼は1922（大正11）年に権力の座につき、1925（大正14）年には共産主義・社会主義・無政府主義の左派勢力を武力で鎮圧、労働組合の解散や言論出版取締令などで反対勢力を弾圧した。1929（昭和4）年の総選挙では国家ファシスト党以外の参加が認められず、同

第4章 アジア・太平洋戦争と軍国日本

党が535の全議席を獲得して一党独裁を完成させた。

そのムッソリーニに関しては、斎藤静の教科書では若き日の苦労話を中心に書かれている。ただし、内容的には神田乃武・三省堂編輯所著 *The New King's Crown Readers* 5(1939年7月1日検定済:師範・中学・実業)の第15課Fascism(ファシズム)の方がムッソリーニの肉声を伝えているので、こちらを読んでみよう(抜粋)。

図4-11 ムッソリーニ
(斎藤静 *Present-day English Readers* 3, 1939)

Fascism

"We," Mussolini replied, "have no labour troubles." If we find that it is necessary to add another hour of work to the day, we issue an order and our people obey. They obey, because they know we are not playing the game of capitalism or labour. We are thinking solely of Italy.

"England has lost billions in money and many more billions in markets by her strikes. We have had no strikes for a good many years. Fascism succeeds because it is not the tool of either capitalism or of labour. We preach a new view of capital and a new view of labour. We proclaim the essential unity of their interests. Neither can flourish, neither is permitted to flourish, at the expense of the other."

"We keep a close eye on labour unions, but we scrutinize no

less rigidly the course of the capitalist. The difference between the Socialists and the Fascists is this: The Socialists believe in the struggle of the classes while we believe in cooperation of the classes." […]

"We can waste no time in empty parliamentary nonsense. We cannot afford to squander away our national strength in futile disputes. We must wrest from a soil too small for our teeming wealth in men every ounce of nourishment. In spite of the most scientific efforts, Italy cannot feed all her people. We must expand or explode."

ファシズム

「我々には労使紛争はない」と、ムッソリーニは答えた。1日の労働時間を1時間延ばす必要があると思えば、そのような命令を発し、それに国民は従う。国民が従うのは、我々が資本主義か労働かというお遊びをしているのではないことを理解しているからである。我々は、イタリアのことだけを考えているのである。

「同盟罷業(ストライキ)によって、イギリスは数十億ポンドもの現金を失った。それだけでなく、市場でも数十億ポンド以上の損失を出している。一方、我が国では何年間も同盟罷業は起きていない。ファシズムが成功しているのは、資本家の手先でも労働者の手先でもないからである。我々が唱道しているのは、新たな資本家像であり、新たな労働者像なのである。労使の利益の根本的な一致、これを我々は宣言している。労使の一方だけが犠牲を払っては労使の共存共栄などあり得ず、共倒れとなってしまうのである。」

「我々は、労働組合を監視してはいるが、資本家の動向も厳

第4章　アジア・太平洋戦争と軍国日本

> しく精査している。社会主義者とファシストの違いは、社会主義者は階級闘争を信じ、我々ファシストは階級協調を信じる、という点である。」
>
> 「空疎な議会で決まった馬鹿げた考えなどに時間を浪費することはできない。無駄な紛争で国力を散財する余裕もない。あふれるほどの人間がいるが、それに比して国土は余りに狭い。そこから、1オンスずつでも食料をもぎ取らねばならないのだ。科学的な努力を傾けてはいるが、イタリアは国民全員に食料を供給することができていない。我々は国土を爆発的に拡大しなければならないのだ。」

冒頭でムッソリーニは「我々には労使紛争はない」と言っているが、それは労働組合を強制的に解散させ、反対する声を徹底した弾圧で押さえ込んだからである。最後に「我々は国土を爆発的に拡大しなければならない」と言っているように、1936（昭和11）年にはエチオピアを征服した。

なお、1931（昭和6）年に国粋大衆党を結成した笹川良一はムッソリーニを崇拝しており、党員にファシスト党に似せた黒シャツを着せていた。

JapanからNipponへ

日本国内では「国体明徴」が叫ばれるころから国粋主義が強まり、その一環として西洋風の呼称であるJapanを日本風のNipponに変えるべきだという主張が1942（昭和17）年ごろから強まった。こうして、金子健二著 *Advancing Japan Readers* は1941年12月6日

検定済の版を最後に名称変更し、次の1942年6月12日検定済の版から Advancing Nippon Readers となった(図4-12)。なお、金子は文部省督学官(現・視学官)を務めた人物である。

図4-12　タイトルのJapanがNipponに変えられた教科書
(金子健二 Advancing Japan Readers, 1941 と Advancing Nippon Readers, 1942)

　JapanをNipponにしたとしても、形容詞形のJapaneseはどうするか。まさかNipponeseとはできまい。そんな議論が政府部内で真面目に交わされた。外務省は国際的な通用性のないNipponeseという表現に強く反対し、結局は見送られたとされてきた(語学教育研究所編『英語教授法事典』258-259ページ)。

　しかし、商業学校用の実業教育振興中央会著『英文通信』(1943年4月5日検定済:実業)の37ページには"Nipponese"が登場する(図4-13)。筆者はこの教科書の検定年月日が記載されていない「見本本」(検定申請本)と文部省の検定年月日が記載された「供給本」の両方を所蔵しているが、比べてみると「見本本」では"Japanese"とされていた。ということは、文部省の検定の段階で"Nipponese"への変更が指示されたと見なすべきである。

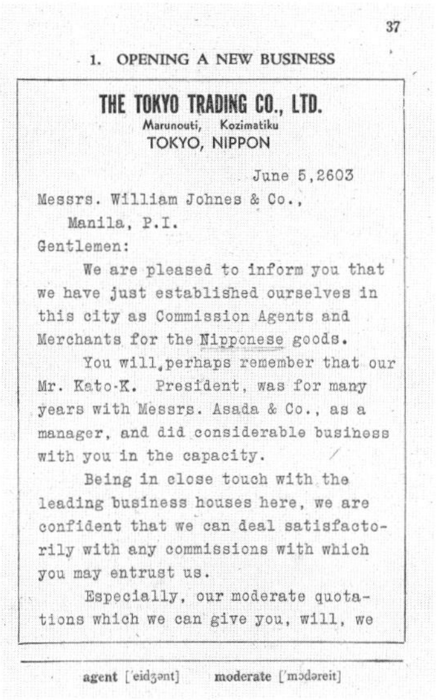

第4章　アジア・太平洋戦争と軍国日本

```
                                          37
    1. OPENING A NEW BUSINESS

    THE TOKYO TRADING CO., LTD.
         Marunouti,  Kozimatiku
             TOKYO, NIPPON

                              June 5, 2603
   Messrs. William Johnes & Co.,
      Manila, P.I.
   Gentlemen:
         We are pleased to inform you that
   we have just established ourselves in
   this city as Commission Agents and
   Merchants for the Nipponese goods.
         You will, perhaps remember that our
   Mr. Kato-K. President, was for many
   years with Messrs. Asada & Co., as a
   manager, and did considerable business
   with you in the capacity.
         Being in close touch with the
   leading business houses here, we are
   confident that we can deal satisfacto-
   rily with any commissions with which
   you may entrust us.
         Especially, our moderate quota-
   tions which we can give you, will, we

      agent ['eidʒənt]   moderate ['mɔdəreit]
```

図4-13　"Nipponese"が掲載された検定教科書
（実業教育振興中央会『英文通信』1943）

---

1. OPENING A NEW BUSINESS

THE TOKYO TRADING CO., LTD.
Marunouti, Kozimatiku
TOKYO, NIPPON

June 5, 2603

Messrs. William Johnes & Co.,
　Manila, P.I.
Gentlemen:
　We are pleased to inform you that we have just

established ourselves in this city as Commission Agents and Merchants for the Nipponese goods.

You will perhaps remember that our Mr. Kato-K. President, was for many years with Messrs. Asada & Co., as a manager, and did considerable business with you in the capacity.

Being in close touch with the leading business houses here, we are confident that we can deal satisfactorily with any commissions with which you may entrust us.

Especially, our moderate quotations which we can give you, will, we trust, induce you to give us the preference for your commissions in this market, and we venture to solicit a share of your valued commands, which shall have our most careful and prompt attention.

We hope to receive your esteemed inquiries when in the market.

Yours very truly,
THE TOKYO TRADING CO.,LTD.

1. 新規事業の開始

東京貿易株式会社
大日本帝国東京市
麹町区丸の内

皇紀2603年6月5日

フィリピン　マニラ市
ウィリアム・ジョーンズ商会 御中

> 拝啓
>
> 　当地マニラ市に日本製品の仲買卸売所を設立致しましたことを、謹んでお知らせ申し上げます。
>
> 　ご記憶のことと存じますが、弊社の加藤社長は浅田商会に部長として長年勤務し、社を代表して貴社とかなりのお取引を担当して参りました。
>
> 　一流企業と親しくお取引させて頂いておりますので、どのようなご用命でも弊社にお任せ頂けましたら十全にご対応可能と存じます。
>
> 　とりわけ、弊社の穏当な見積額をご覧になれば、必ずや当市場での取引に好感触を持って頂けるものと信じております。弊社に貴社の貴重なご用命の一部を頂戴できるよう、失礼を承知の上でお願い申し上げる次第です。貴社のご用命に対しては、細心の注意を払いまして遅滞なくご対応致します。
>
> 　ご用命の際には御連絡頂けますことを、お待ち申し上げております。
>
> 敬具
東京貿易株式会社

なお、『英文通信』の巻頭では、商業教育における英文通信の意義を次のように述べている。

> 　大東亜共栄圏内には、フィリピン、マライ等の如く、まだ英語を用ひているところがあり、従来東亜における外国貿易上の

> 慣習から、英語は今日なほ相当行はれている。よって商業英語及び商業通信（Commercial English Correspondence）を学習する次第である。

　英米との戦争開始によって1941（昭和16）年以降、英語は敵国語と見なされていたが、中等教育以上の学校で英語を排斥することは不可能だった。その理由の一端が、マニラ宛の上記の商用文でも示されている。長らく英米の植民地だった地域が多い「大東亜共栄圏」においては、英語を排除することなどできなかったのである。
　なお、この『英文通信』では年号が「皇紀」で記されている。これは、初代天皇とされた神武天皇（神話上の人物）が即位したとされる紀元前660年を元年とする暦で、たとえば皇紀2603年は1943（昭和18）年のことである。当時、万世一系の天皇制を賛美する国体明徴運動とともに皇紀が流行した。

親西洋的な教材の削除

　JapanをNipponに、西暦を皇紀に変えるという異様な国粋主義の中で、西洋を賛美・称揚する教材などが次々に消されていった。敗戦直後の「墨ぬり」教科書に先立つ、いわば「墨ぬり」前史として英語教科書史に記録されなければならない。ただし、敗戦直後もそうなのだが、英語科の場合は文部省当局から具体的な削除指令があったという記録はないため、時代の「空気」に順応した教科書の著者・発行者の自主規制と見なすべきであろう。同じ時期に流行した英語を「敵性語・敵国語」として排斥する運動と同類である。
　では、どのような教材が削除されたのであろうか。たとえば、森巻吉著 *New Light Readers* 5の第1課Japan's Mission in the World

図4-14 「日本の使命」の削除部分
(森巻吉 *New Light Readers* 5の1937年検定版と1943年検定版)

(日本の使命)の1937年検定版と1943年検定版を比較すると、後者では太字・イタリックにした最後の段落が削除されている(図4-14)。

Japan's Mission in the world

By advantage of geographical position, the Empire of Japan is destined to play the role in international history of a fusion point of the East and the West, and ultimately to become a leading centre of the world's civilization.

That this eventuality will materialize in time is no idealist's dream. It is a certainty admitted by all Japanese, and already indicated beyond doubt by the events and trends of today.

The national civilization of Japan in itself is a synthesis of the civilization of many other Oriental countries — India, China and old Korea — each digested, assimilated and expressed as a complete whole.

More recently Japan has imported and absorbed into her system much of what is best in the civilization of the Occident. And this process has taken place with such ready adaptability and with such admirable discrimination that it has caused consternation throughout the rest of the world.

Japan already is the most Westernized country in the Far East ; and there can be no question whatever that this healthy appetite of the nation for foreign culture and knowledge will continue to be in future a forceful factor for international goodwill, peace and stabilization.

日本の使命

国土の位置が幸いし、大日本帝国は東洋と西洋の融合点として歴史的役割を果たし、最終的には世界文明を率いる中心となる運命にある。

この可能性を実現することは、理想家の夢想などではない。日本人全員が認める確かな見込みであり、今日の出来事や趨勢がすでに明白に示していることでもあるのだ。

日本文明それ自体は、インド、中国、旧朝鮮など、他の東洋諸国の文明を統合・消化・融合し、総体として表現したものである。

さらに近年、日本は西洋文明の最良のものを多く移入し吸収してきた。この過程が迅速な順応性と見事な見識を以て実現してきたため、他国からは驚異の目で見られるに至っている。

日本は、極東において最も西洋化した国である。外国文化や知識に対するこの健全な吸収欲が、国際社会の友好、平和、安定の強力な要因であり続けることは、疑念の余地がない。

第4章 アジア・太平洋戦争と軍国日本

　このように、日本を「極東において最も西洋化した国」と自己規定した部分は、第1章で述べた文明5段階説で「西洋並みの5に上りつめたぞ」と誇りたかったのであろう。しかし、「最終的には世界文明を率いる中心となる運命にある」と自画自賛する日本を、いつまでも「西洋化」を絶対的な基準とする文明観で規定してはならない。それゆえ削除したのであろう。さらに、「国際社会の友好、平和、安定」といった文言も、太平洋戦争下の時局に合わない。

　それにしても、削除をしただけで他の字句で埋めてはいないから、皇居の二重橋の絵の下6行分が不細工な空白域になってしまった。この時期の教科書には、こうした空白のままの痛々しい削除例がたくさんある。

　上條辰蔵著 *Standard Commercial School Composition* 2の1936年検定版と1943年検定版（上條次郎補訂）とを比較してみよう（図4-15）。なお、筆者が所蔵する1943年版では、削除部分が肉筆で復元されている（図4-15右）。教育現場でのささやかな抵抗であろうか。

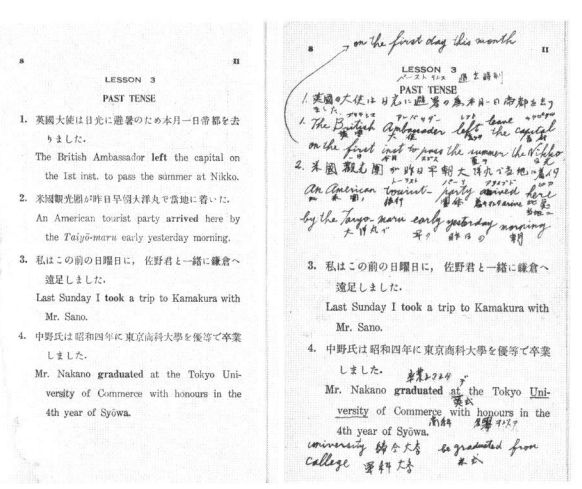

図4-15　削除された英作文教材
（上條辰蔵 *Standard Commercial School Composition* 2の1936年検定版と1943年検定版）

削除された部分は以下の通りである。「英国大使」や「米国観光団」が登場するだけで、特に内容面で問題があるとは思えないが、当時は過敏なまでに神経を使っていたのである。

> 1. 英国大使は日光に避暑のため本月一日帝都を去りました。
>   The British Ambassador left the capital on the 1st inst. to pass the summer at **Nikko**.
> 2. 米国観光団が昨日早朝大洋丸で当地に着いた。
>   An American tourist party **arrived** here by the *Taiyō-maru* early yesterday morning.

　1944（昭和19）年1月には、さらに深刻な問題が起こった。帝国議会で堀内一雄衆議院議員らが中等学校用の神田乃武・三省堂編輯所著 *The New King's Crown Readers* を「英米礼讚的のものが非常に多い」などと非難し、文部省の姿勢を追及したのである。質疑の模様は、第84回帝国議会の「大日本育英会法案外二件委員会議録（速記）第三回」（「帝国議会会議録検索システム」より閲覧）に全文収められている。議論の概要を、文部省総務局調査課がまとめた「第八十四回 第八十五回帝国議会　本省所管事項質疑応答要領」（1944年10月）から再現してみよう。

> 「英語教科書に関する件」（1月24日）
> 〔問〕堀内一雄　クラウン・リーダー、キングス・クラウン・リーダー等には米英を礼讚するやうなものが多々あるが、これを放任しているのは如何。
> 〔答〕岡部文相・菊池次官　昭和二十年度より国定のものを作ることになって居り、従来の分についてはその取扱方の注意を指示せり。

第4章　アジア・太平洋戦争と軍国日本

「中等学校英語教科書取扱ひに関する件」(1月26日)

〔問〕八角三郎・堀内一雄　中等学校に於て使用中の「クラウン・リーダー」其他の英語教科書中、英米崇拝の文章が掲載されているのは教育上甚だ宜しからざるを以て削除訂正すべきであるが、その箇所を示されたし。

〔答〕阿原国民教育局長　クラウン・リーダー巻二の「国歌」、巻三の「ペリー」を中心とせる日本の開国、又「ロンドン」を礼讃した記事、巻四の英国魂、巻五の「英語の効用を誇張せる箇所」等は削除している。

こうした帝国議会での追及の前に、ペリー来航による日本開国をテーマにした同教科書の第3巻第8課 The New Japan as Seen through an American Eye（アメリカの目から見た新生日本）などは1943年検定版ですでに削除されていた。しかし、堀内らの追及によって1943年8月24日に文部省の検定に通ったばかりだった*The New King's Crown Readers*は1944年度の新学期開始後の4月8日に検定認可を受け直し、*The Kanda's English Readers*と名称を変更して第3巻から第5巻までが発行された。Kandaとは、1916年の初版以来の著者だった神田乃武のことである。なお、第1巻と第2巻は準国定教科書の『英語』(後述)に置き換えられた。

*King's Crown*の名前が消されたと同時に、英国王室を思わせる表紙の王冠も問題となった。とはいっても物資難の折から表紙を付け替える余裕もない。そこで版元は、表紙に白い紙のカバーをかけることで急場をしのいだ(図4-16)。すでに配付されてしまったものについては、表紙を破り捨てるなどの指示が出された。なお、筆者の手もとには白いカバーをかけられた1944年検定版の*The Kanda's English Readers*が2冊あるが、いずれも奥付は旧名称である*The New King's Crown Readers*のままである。堀内一雄というトンデ

165

図4-16　帝国議会で追及され表紙を差し替えたリーダー
(*The New King's Crown Readers* 1943年検定版と
The Kanda's English Readers 1944年検定版)

モ議員が招いたドタバタ劇に振り回された状況がうかがえる。なお、堀内は中等学校用の教科書『音楽』にイギリス国歌God Save the Kingが掲載されていることにも嚙みつき、文部省当局はただちに削除すると答弁している。

　なお、堀内議員は明治の日露戦争前後に自身が使った英語教科書を回想し、そうした「戦意の昂揚(こうよう)」を図る教材を盛り込むべきだと主張している(上記帝国議会速記録、1月25日)。

　　私は日露戦争の前後に中学に学んで居(お)ったのでありますが、当時私共の使った教科書は井上十吉先生の教科書であります、其(そ)の教科書の中には　御詔書も慥(たし)か載って居ったと思ひますが、金州、奉天、其の他の各所の戦史等も載って居りました、それが如何に我々の若い血を沸かしたかと言うことを考へするとと言うと、斯(こ)うした方面に付て書くことが、確かに戦意の昂揚の面に効果があると信ずるのであります。

第4章　アジア・太平洋戦争と軍国日本

堀内の「若い血を沸かした」日露戦争期の井上十吉の教材については、第2章の図2-7を参照いただきたい。

太平洋戦争

「日本と米国との外交関係の断絶が来ると世間では言っていますが、それは根拠のない噂です」。こんな例文を載せていたのは、1930（昭和5）年に検定認可を受けた吉岡源一郎・浜林生之助著 *King's English Composition: Fifth Year* だった。

しかし、1940（昭和15）年9月の日独伊三国同盟の締結と、翌1941（昭和16）年7月の日本軍のフランス領インドシナへの進軍によって、対米関係は急速に悪化した。アメリカは日本に対する石油禁輸などの経済制裁を発動し、日米交渉も行き詰まった。こうして、1941年12月8日に日本軍はハワイ真珠湾の米軍艦隊を攻撃し、同時にシンガポール攻略をめざしてマレー半島に上陸。ここに、太平洋戦争が開始された。

ここでまず確認しておくべきことは、太平洋戦争の時期にも中等・高等の学校では英語などの外国語教育が継続されていたという事実である。この時期には、たしかに野球のストライクが「よし」に、「カレーライス」が「辛味入汁掛飯」に言い換えられたりもした。また、内閣情報局発行の『写真週報』第257号（1943年2月3日号）では「看板から米英色を抹殺しよう」や「米英レコードを

図4-17　政府の英語抹殺キャンペーン
（内閣情報局『写真週報』第257号、1943年）

167

たたき出さう」などのキャンペーンが特集されていた(図4-17)。

　しかし、これらはあくまで戦意高揚のための一般庶民向けのプロパガンダであって、中等教育機関以上に属するエリート層には英語などの外国語教育を続けるという「ダブル・スタンダード」だったのである。

　その動かぬ証拠が、太平洋戦争期に刊行された教科書の存在である。外国語教科書の発行状況を見ると、1941(昭和16)年から1944(昭和19)年までの間に78点が検定認可を受けている。その多くは英語であるが、日本文化研究会独逸語部著 *Deutsche Lesebücher* (1942年5月27日検定済：中学・女学校)や倉石武四郎著『倉石中等支那語』(1942年6月27日検定済：中学・実業・女学校)など英語以外の外国語教科書も含まれていた。

　1943(昭和18)年3月に改正された中学校規程では、外国語の選択肢に「大東亜共栄圏」内のマレー半島周辺の言語であるマライ語が加えられた。同時期に文部省は「実業学校教科教授及修練指導要目(案)」を発表し、実業学校の外国語を「英語、支那語、『マライ』語又は大東亜共栄圏内に行はるる重要外国語の内一又は二箇国語を課すべし」と定めた。

　これに先立ち、広島文理科大学(広島大学の前身)の小川二郎は「英語教育の意義と教材」(『外国語教育の革新』1942年10月発行)で次のように述べている(52ページ)。

　　従来の如く中等学校全般に英語を外国語として課することは、大東亜共栄圏を確立するための広い意味の国民教育の立場からは不必要で是正せられねばならない。(中略)英独仏語の教育は勿論実地に役立つ一方、西欧文化を理解しうる能力の育成を目的として居り、支那語馬来語の教育は何よりも先づ実地に話せ書け読めることを要請する。

168

第4章　アジア・太平洋戦争と軍国日本

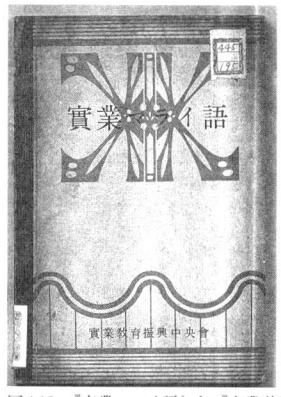

図4-18　『実業マライ語』と『実業独語』(1944)

こうして、実業教育振興中央会著作の『実業マライ語』(1944年4月30日発行)や『実業独語』(同年6月10日発行)が刊行され、実業学校用の教科書に指定された(図4-18)。

太平洋戦争下で使用された教科書は『昭和十八年度中等学校青年学校教科用図書総目録(付国民学校高等科用)』(1942)から把握できる。それによれば、外国語教科書の総数はのべ126種で、うち英語はのべ119種(94％)であった(表4-1)。

表4-1　1943(昭和18)年度用の外国語教科書の校種・種類別発行点数

	師範学校	中学校	高等女学校	実業学校	国民学校	計
読本	3	5	5	6	1	20
作文	3	4	2	5	0	14
文法	3	5	4	5	0	17
習字	5	5	5	5	3	23
副読本	0	19	12	14	0	45
その他	0	ドイツ語1 支那語3	0	支那語3	0	7
計	14	42	28	38	4	126

(注)副読本などは同一の本が複数の校種で使用されている。

ここで、太平洋戦争期に高等女学校の生徒が書き残した日記帳の原本から、当時の英語学習の一端を見てみよう（図4-19）。内容を分析した限りでは、埼玉県立熊谷高等女学校（熊谷女子高等学校の前身）に通っていた生徒のものだと思われる。熊谷市出身の筆者には嬉しい資料だ。英語学習に関する記載の一部を抜き出してみよう。太平洋戦争開戦から1年近く経った1942（昭和17）年末における、学期末試験に臨む高等女学校の3年生（現在の中学3年に相当）の日記である。

11月30日（月）
水曜日に英語の考査をする事となったので今日から又やらなければならなかった。此の前の時は教課書のは出来たと思っていたら思の外間違っていたので今度は一字一字しっかりやった。応用がどんなのが出るかと思ふと本当に心配です。

12月1日（火）
明日が英語の考査なので夜その方をすこしやった。いくらかおぼつかない所もあったが大体はやくす事が出来た。

12月2日（水）
英語の時間は考査でしたが、教課書の方は割合によかったと思ったが、応用問題の方を間違へてしまった。感じると言ふのを足になんてやくしたのが自分ながらおもしろくて仕方がない。私はやっぱり実力がないのかと思ふと本当につまらなくなって来る。

　期末考査では、feel（感じる）をfeet（足）と勘違いしてしまったのだろうが、「自分ながらおもしろくて仕方がない」と書くあたりは、戦時下とはいえ「箸が転んでもおかしい年頃」の少女らしく、微笑

ましい。

　なお、高等女学校の外国語科は、1942(昭和17)年度から必修ではない「増課教科」として位置づけられた。さらに、同年7月8日に文部省は「高等女学校に於ける学科目の臨時取扱に関する件」を通牒し、外国語は随意科目として週3時間以下に制限し、課外での授業も禁止した。そのため、英語教師が失職したり、農作業監督者になるなどの事態も生まれていた。それでも、上記の日記が示すように、英語教育は続けられていたのである。

　1943(昭和18)年3月に中学校規程および高等女学校規程が改定された。中学校の修業年限は5年から4年に短縮され、外国語の時数はそれまでの週6時間から4時間に削減され、しかも3・

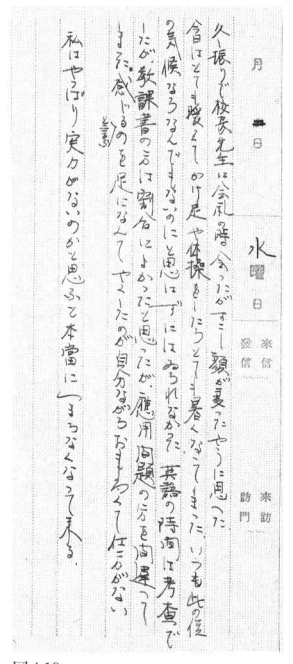

図4-19
太平洋戦争下の女学生の英語学習記録(1942)

4年生では選択科目となった。部分的とはいえ、中学校の外国語が選択履修制となったのは明治以降初めてであり、1947(昭和22)年発足の新制中学校の外国語を選択制にした先駆けともいえる。この点に関して、文部省教学官だった櫻井役は次のように解説している(日本放送協会編『文部省　新制中等学校教授要目取扱解説』1944、76ページ)

　　中等教育に於ては全生徒に対し、全学年に亘って外国語を課することは、これを必要としないといふ結論を前提とするものではあるが、外国語学習に対する能力に於て幾分優るところがあり、その希望が一層確実であると認められる生徒に学習せしめ

るのであるから、従来に比して教授能率を増進することが期待されるのである。

外国語教育の目的は、「外国語の理会(ママ)力及発表力を養ひ外国の事情に関する正しき認識を得しめ国民的自覚に資するを以て要旨とす」とされた。「国民的自覚に資する」としてナショナリズムが強調されている。中等学校教科書株式会社(著作兼発行)『外国語科指導書 中等学校第一学年用』(1943年4月10日発行)によれば、その主旨は以下の通りだった(4-5ページ)。明治以降の欧米観を転換させた歴史的な文書なので、やや長い引用をお許しいただきたい。

　今やわが国は総力を挙げて大東亜戦争の完遂と大東亜共栄圏の建設とに邁進しているのであるが、これ等の広大な地域の民族に日本精神を宣揚し、日本文化を紹介して、わが国の真意を理会せしめ、大東亜の新建設に提携協力せしめるには、日本語の普及と共に外国語の利用をも考へなければならぬ。また一方外国文化を摂取してわが国文化を昂揚し、大東亜共栄圏内諸民族の指導者としての豊かな文化を発達せしめなければならぬ。それには外国語の修得は必須であり、国民の中堅となるべき現在の中学校および高等女学校の生徒が、在学中外国語の基礎の力を習得して置くことが必要である。(中略)外国に関する正しい認識を得させ、外国とわが国とを対比せしめることによって、わが国肇国(ちょうこく)の理想と皇国民の使命とを十分自覚せしめねばならぬ。則(すなわ)ち外国に対する正しい認識を得させ、また正しく批判する力を養ひ、見識を広め、進取の気象を養ひ、以て大国民たる資質を啓培(けいばい)することは、外国語教授に於(お)て特に意を用ひなければならぬ点である。

第4章　アジア・太平洋戦争と軍国日本

　この文書に先立つ1943年1月に施行された中等学校令では、教科書を国定化することが布告された。したがって、以上の方針は国定英語教科書に反映されるべき内容だと考えられる。この時期、日本はアメリカ、イギリス、中国、オランダ（ABCD包囲網）と戦っていた。これらの国は、古代・近世・近代において日本に高度な文化をもたらした文明発達段階の上位国だった。そうした「先生たち」を敵に回して「大東亜戦争」を戦い、しかも緒戦で優位に立っていた。そのような特異な時期だからこそ、「大東亜共栄圏内諸民族の指導者」「大国民」と自らを規定し、外国（特に米英）を「正しく批判する力」までも外国語教育に求めたのである。明治から平成に至る日本の教育史上、公的な文書中に外国を「正しく批判する力」を求めたのは、このときが最初で最後であろう。

　小川二郎もまた、太平洋戦争開戦翌年に次のように述べている（前掲「英語教育の意義と教材」1942、61ページ）。

　　英語の片言がしゃべれるからとて得意になっていたやうな卑屈な優越感は、英米文化を下から仰ぎ見るといふ劣敗感から生まれたものであるから、戦捷（せんしょう）が結局は民族精神の優秀に帰することを考へれば、日本民族の西欧先進民族に卓越するといふ自覚を覚醒せしめることになる大東亜戦争の完遂によってかかる劣敗者的優越感は払拭せられるであらう。そのこと丈（だ）けででも大東亜戦争は遂行せられる価値がある。

　しかし、強がりはいつまでも通用しない。こうした文書が出されてわずか2〜3年で日本は無条件降伏したのである。アメリカを中心とする連合軍の占領下で教育方針は一変する。最初に出された1947（昭和22）年の「学習指導要領英語編（試案）」に掲げられた外国語教育の目標は、「英語を話す国民について知ること、特に、その

風俗習慣および日常生活について知ること(中略)国際親善を増すこと」だった。戦後の日本政府は、今日に至るまで、アメリカを「正しく批判する力」を持つことは決してなかったし、国民にそれを求めてもいない。

戦争末期の国定・準国定英語教科書

　1941(昭和16)年度に小学校がナチス・ドイツ流の「国民学校」に改称された。その高等科(現在の中学1・2年の学齢)のために、文部省著作の国定教科書*The New Monbusyō English Readers for Elementary Schools*(全2巻)が刊行された。明治末期に刊行された文部省英語読本の2代目である。第1巻は1939(昭和14)年7月26日に発行され、わずかに改訂されて1941年2月10日に訂正発行された。第2巻も1941年2月26日に初めて発行され、国民学校の発足に間に合った。驚くべきことに、この国定英語教科書には戦時色がまったく盛り込まれていない。

　大戦末期の1944(昭和19)年9月には、この文部省英語読本の第1巻を半分以下に圧縮して本文30ページの『高等科英語』(全1巻)が刊行された。それまでの教科書に出ていた英米人はすべて日本人に、世界地図は大東亜共栄圏地図に、服装は国民服とゲートル履きに改められ、一家団欒の食事風景を描いた挿絵が削除されているが、附録に「敵機　Tekki」と「Teki　敵」という単語が出てくる以外、〈戦争〉教材はない。

　中等学校用では、太平洋戦争末期の1944(昭和19)年3月から翌年の1月にかけて、国策出版会社である中等学校教科書株式会社(中教出版の前身)が著作兼発行者の準国定教科書『英語』が発行された。この『英語』のみが新規発行を許されていたので、文部省著作ではないが、事実上の国定教科書(準国定教科書)である。中学校用

第4章　アジア・太平洋戦争と軍国日本

と高等女学校用が各3巻だが、文部省の検定認可が確認できるのは各2巻までである。第3巻も中学校用が1945（昭和20）年1月20日、女学校用が2月10日に発行されたが、空襲による発行元の被災と、1945年度の通年勤労動員による授業停止措置により、『英語』の第3巻が実際に使用された可能性は低い。

なお、『英語』の成立過程と、戦後の「墨ぬり」教科書版および1946（昭和21）年度の暫定教科書版については、拙著『日本人は英語をどう学んできたか』（研究社、2008）で詳細に論じたので、参照いただければ幸いである。また、当時の英語学習状況については、神戸一中（兵庫県立神戸高等学校の前身）での体験をもとにした黒澤一晃「戦時下の英語教育——神戸での一体験」が参考になる。

『英語』の編集は、青木常雄を代表とする東京高等師範学校（筑波大学の前身）の英語科教授陣が中心となり、文部省担当者も加わった。ハロルド・E・パーマーのオーラル・メソッドにもとづく入門期の音声指導、語彙選定、言語材料配列などの面で戦前期の英語教授法理論の到達点を示している。しかし、軍部の干渉や時局を反映して、題材面では軍事、大東亜共栄圏（植民地支配）、戦時的自覚、神社参拝、天皇崇拝などの軍国主義的な内容を含む課が全課の約2割を占めていた。その割合は、同時期の海軍兵学校予科や陸軍幼年学校の英語教科書よりも多い。

では、『英語』における代表的な〈戦争〉教材を見てみよう。

戦車と軍用機

『英語1（中学校用）』（1944年4月8日検定済）第9課ではcanの用法が中心で、挿絵を効果的に使うことで日本語を解さずに英文が理解できるよう工夫されている。ところが、その絵が戦車と戦闘機なのである（図4-20）。

図4-20 戦車と戦闘機
(『英語1(中学校用)』1944)

Lesson 9

(1)

We can see a big tank in this picture.
It is a Japanese tank.
It is at the foot of a hill.
We can see an aeroplane, too.
It is a Japanese aeroplane.
It is high up in the sky.

この絵には、大きな戦車が見えます。
日本の戦車です。
戦車は、丘のふもとにあります。

第4章　アジア・太平洋戦争と軍国日本

> 飛行機も見えます。
> 日本の飛行機です。
> 飛行機は、空高く飛んでいます。

　力強い鋼鉄の戦車に憧れる少年は多かった。陸軍は1939（昭和14）年末に千葉陸軍戦車学校内に「少年戦車兵の生徒隊」を設置、一期生は55倍もの競争率だった。太平洋戦争が始まった1941（昭和16）年12月には「少年戦車兵学校」として分離・独立させ、翌年には静岡県富士宮市に移転した。14歳から19歳の少年のべ4千人余りが2年間（のちに短縮）の訓練を受けた。

　『英語3（高等女学校用）』（1945年2月10日発行）の第14課はWar-planes（軍用機）である。大戦末期には、女学校用といえども男子顔負けの軍事教材を学ばせようとしていた実態がわかる。英文を読んでみよう（全文）。

LESSON 14
WAR-PLANES

Our country is at war. The war-planes of our Army and Navy are flying over China, India and the South Seas. There are several kinds of war-planes, and each kind has its own use.

　The pilot first learns to fly in a training machine. You can easily recognize it by its orange colouring.

　Other machines are used for "reconnais-

図4-21　軍用機
（『英語3（高等女学校用）』1945）

War-planes

Our country is at war. The war-planes of our Army and Navy are flying over China, India and the South Seas. There are several kinds of war-planes, and each kind has its own use.

The pilot first learns to fly in a training machine. You can easily recognize it by its orange colouring.

Other machines are used for "reconnaissance," the eyes of the Army and Navy. They have plenty of windows so that the observers can keep a good lookout for the enemy and, through a window underneath, take photographs. Our "Sin-sitei" machines are remarkable for their high-speed.

The fleet sometimes stays at sea for weeks, and each battleship now carries its own aircraft. Aeroplanes of this kind are shot into the air from a catapult, and fly over the fleet to watch for the enemy. They are fitted with floats so that they can land on the water alongside the ship and be lifted aboard by a crane.

Probably you have all heard of "fighters" and "bombers." The chief duty of our fighters is to keep enemy bombers from attacking our ships and factories, but we have bombers for destroying the enemy machines before they can rise from the ground.

Bombers are much larger than fighters, and usually have two or more engines. This is because they have to lift tons of bombs and carry them for long distances. The bombers often fly very high so that the enemy who is watching from the ground will not be able to see or hear them.

When a dive-bomber attacks, it flies up until it is a speck in the sky, then dives right down on the enemy like a bullet. It flies clear at the last moment before the bombs have time to explode.

第4章　アジア・太平洋戦争と軍国日本

軍用機

　我が国は戦争中である。我が陸海軍の軍用機が、中国、インド、南洋の上空を飛行している。軍用機にはいくつか種類があり、それぞれの使用目的が異なっている。

　飛行士は最初に訓練機を使って飛行技術を習得する。訓練機はオレンジ色に塗ってあるので、すぐに識別できる。

　他の飛行機は「偵察機」すなわち陸海軍の目として使用される。窓がたくさんあるので、偵察兵は敵を厳重に警戒することができるし、床下の窓越しに写真を撮ることもできる。我らの「新司偵」機は速力の点で傑出している。

　艦隊は時に何週間も航海することがあり、各戦艦には今では航空機が搭載されている。艦載機はカタパルトから射出され、艦隊上空を飛行して敵の警戒に当たる。艦載機にはフロートが装着され、艦船の脇に着水し、起重機で甲板に引き上げられる。

　「戦闘機」「爆撃機」という言葉に聞き覚えがあるだろう。戦闘機の役割は、我が艦船や工場を敵の爆撃機に攻撃させないことである。爆撃機の役割は敵機を離陸前に破壊することである。

　爆撃機は戦闘機よりはるかに大きく、通常はエンジンを2つ以上搭載している。これは何トンもの爆弾を搭載し長距離を運ぶからである。爆撃機の飛行高度は非常に高いため、地上で警戒している敵には姿も音も気づかれることがない。

　急降下爆撃機の攻撃では、点のように小さく見える高度まで上昇し、敵をめがけて弾丸のように急降下する。爆弾投下後は炸裂する前に、爆撃地点から離れたところまで飛び去る。

男子用の『英語3(中学校用)』(1945年1月20日発行)でも第5課がWar-planes and Their Uses(軍用機とその使用法)で、高等女学校用のものよりも記述が詳しい。その末尾には、以下のような練習問題が加えられていた。

EXERCISE

Put into English
1. 今日の戦争は科学の戦争である。
2. 「隼(はやぶさ)」はその優秀な性能を以って知られている。(efficiency)
3. それらの船にはみな電波探知機が備へ付けてある。
4. 今度の戦争では幾つかの新兵器が用ひられるに至った。(weapon)
5. 偵察機はいはば部隊や艦隊の目である。

山本五十六

　『英語2(中学校用)』(1944年5月8日検定済)の第12課はAdmiral Yamamoto and His House(山本元帥と彼の家)で、連合艦隊司令長官としてハワイ真珠湾奇襲作戦などを指揮した山本五十六(いそろく)を扱っている(図4-22)。彼は1943(昭和18)年4月18日に米軍機に撃墜され戦死、国葬が営まれた。その山本が早くも翌年発行の英語教科書に登場していたのである(練習問題(B)のみ割愛)。

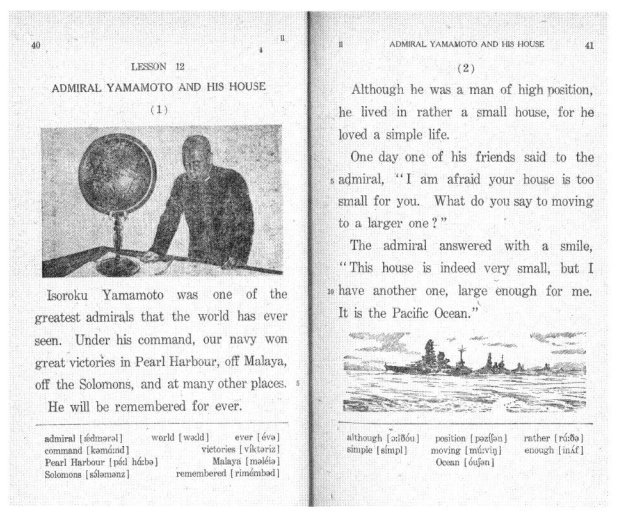

図4-22 山本五十六
(『英語2(中学校用)』1944)

ADMIRAL YAMAMOTO AND HIS HOUSE

(1)

Isoroku Yamamoto was one of the greatest admirals that the world has ever seen. Under his command, our navy won great victories in Pearl Harbour, off Malaya, off the Solomons, and at many other places.

He will be remembered for ever.

(2)

Although he was a man of high position, he lived in rather a small house, for he loved a simple life.

One day one of his friends said to the admiral, "I am afraid of your house is too small for you. What do you say to moving to a larger one?"

The admiral answered with a smile, "This house is indeed

very small, but I have another one, large enough for me. It is the Pacific Ocean."

Exercise

(A) *Answer in English:—*
1. Was Isoroku Yamamoto a great general or a great admiral?
2. Under his command, where did our navy win great victories?
3. Was he a man of high position or of low position?
4. Why did he live in a small house?
5. Had he another house large enough for him?
6. What was his large house?

山本元帥と彼の家

(1)

　山本五十六は、世界で最も偉大な海軍大将の一人でした。彼の指揮の下で我が海軍は、真珠湾、マレー沖、ソロモン沖、その他多くの場所で、大勝利を収めてきました。

　彼のことは永遠に記憶に残ることでしょう。

(2)

　地位の高い方でしたが、わりと狭いお宅にお住まいでした。質素な暮らしを好まれたからです。

　ある日「君の家は狭すぎる。広い家に引っ越したらどうだ？」と、旧友が大将に言いました。

　大将は「この家は確かに狭い。しかし私にはもう一軒、十分に広い家がある。太平洋だよ」と微笑んでお答えになりました。

練習問題

(A) 英語で答えなさい。
1. 山本五十六は、偉大な陸軍大将でしたか、それとも偉大な海軍大将でしたか？
2. 彼の指揮の下、我が海軍はどこで大勝利を収めましたか？
3. 彼は身分の高い人でしたか、身分の低い人でしたか？
4. 彼はどうして狭い家に住んでいたのですか？
5. 彼には十分に広い家がもう一軒ありましたか？
6. 彼の広い家とは何のことでしたか？

このように、英語の「理会力」のみならず、英語で答えさせる練習問題を通じて「発表力」を養う工夫がされている。

しかし、この教材には「不都合な真実」が隠されている。山本五十六を司令長官とする連合艦隊は、1942（昭和18）年6月のミッドウェー海戦で航空母艦4隻とその艦載機・パイロットを大量に失うなどの大敗北を喫し、太平洋戦争における主導権をアメリカに奪われたのである。しかも海軍の暗号が解読されたために、山本は南太平洋のブーゲンビル島上空で米軍機の待ち伏せ攻撃に遭い、戦死した。太平洋という「広い家」は、山本にとって必ずしも居心地の良い場所ではなかったのである。

なお、本文中の山本の名前は、英語風のIsoroku Yamamotoである。JapanをNipponに言い換えさせたものの、氏名の英語表記は西洋風のままだったのである。星山三郎の「難産短命だった戦時日本的英語教科書編集回想録」(1983)によれば、編集会議では当局から日本風に「姓－名」の順に表記するよう要望されたが、結果的には「名－姓」の西洋風のままだった。それから半世紀以上たった2000（平成12）年に、文化庁の国語審議会は「日本人の姓名については、

ローマ字表記においても「姓‐名」の順(たとえばYamada Haruo)とすることが望ましい」と答申した。これを受けて、2002(平成14)年度版からは中学用の英語教科書6種すべてが「姓‐名」の日本風表記になった(両論併記も含む)。

大東亜共栄圏

　日本が1941(昭和16)年末に米英との戦争に突入した目的は、「大東亜共栄圏」の建設にあるとされた。これは、日本・「満州国」・支那(中国)を「日満支経済ブロック」とし、東南アジアを資源供給地域、南太平洋を南の国防圏として位置づけた構想である。アメリカ、イギリス、オランダ、フランスなどの帝国主義列強から東南アジアを解放するという宣伝もなされたが、日本が台湾や朝鮮などの植民地を領有し続けた以上、説得力に乏しい。1942(昭和17)年2月には内閣総理大臣の東條英機を総裁に、大東亜建設審議会が設置された。

　『英語』全6冊には大東亜共栄圏に関連した教材が11課(全体の7パーセント)ある。そうした中から、2つを取り上げよう。まずは『英語2(中学校用)』(1944)の第22課 Nippon And Its Neighbours(日本と近隣諸国)である(全文)。中等学校教科書株式会社(著作兼発行)の『英語編纂趣意書 中学校第一・二学年用』(1944年7月22日発行)によれば、この課の題材は「日本と共栄圏」で、「本課を取り扱ふ際には必ず地図を参照して教授すべきである」との指示が書かれている。

NIPPON AND ITS NEIGHBOURS

(1)

　Nippon, whose people are the leaders of all the nations in the Greater East Asia, lies in the east of Asia, facing the Pacific Ocean. No country in the world is so strong as Nippon is.

第4章　アジア・太平洋戦争と軍国日本

To the west of Nippon lies China, one of the largest and oldest countries on earth.

Manchoukuo, which was founded in the seventh year of Syōwa, borders on Tyōsen on the south. This empire is most friendly with Nippon.

On the north side of the river Amur lies Russia, which is also one of the largest countries in the world.

To the east of Karahuto run a long line of small islands from north to south, which are, as you know, the Tisima Islands.

To the north-east of these islands lie the Aleutians, a chain of many small islands.

(2)

To the south of Taiwan lies a young country, which was born as the Philippine Republic in the eighteenth year of Syōwa. This country consists of about seven thousand islands. Among them Luzon and Mindanao are the largest and most important.

Farther south, in the South Seas, there are numerous islands, large and small, which have all very close relations with Nippon in many ways.

The most important of these islands are Borneo, Celebes, Sumatra, Java, and New Guinea. They are all rich in natural resources.

The Solomons, though a group of small islands, have become well-known to the whole world since the outbreak of the War of the Greater East Asia.

On the continent, very close to Malaya, lie Thailand and Burma, both of which are on friendly terms with Nippon.

Syōnantō, which formerly belonged to the British Empire, is now the most important base of Nippon's South Sea activities.

EXERCISE

(A) Answer in English:—
1. What country lies to the west of Nippon ?
2. On which side of the Amur dose Manchoukuo lie?
3. To what country does the southern half of Karahuto belong?
4. What are the largest and most important islands of the Philippine Republic?
5. What is now the most important base of Nippon's South Sea activities?

(B) Put into English:—
1. 世界で日本ほど美しい国はない。
2. アリューシャンは多くの小さい島々から成る。
3. インドは自然の資源に富んでいる。
4. タイとビルマは我が国と親密な関係にある。
5. 香港(Hongkong)はかつて英国のものだった。

日本と近隣諸国

(1)

　日本人は大東亜のすべての国の指導者である。日本はアジア東部に位置し、太平洋に面している。日本ほど強い国は世界にない。

　日本の西方には中国がある。中国は地球上で最も広くて古い国の一つである。

　昭和7年建国の満州国は、南部の国境を朝鮮と接している。満州国は日本と最も友好的な国家である。

　アムール川北岸にはロシアがある。ロシアも世界で最も広大な国の一つである。

第4章　アジア・太平洋戦争と軍国日本

　樺太の東方には、小さな島々が南北に長い列をなしている。千島列島である。

　千島列島の北東にはアリューシャン列島がある。多数の小さな島々からなる列島である。

(2)

　台湾の南方には、昭和18年に誕生した若い国であるフィリピン共和国がある。この国は約7千の島々からなる。ルソン島とミンダナオ島は、最も大きく重要な島である。

　さらに南方の南洋には大小多数の島々があり、多くの面で日本と緊密な関係を結んでいる。

　南洋諸島で最も重要なのは、ボルネオ島、セレベス島、スマトラ島、ジャワ島、ニューギニア島である。これらの島々はみな天然資源に恵まれている。

　ソロモン諸島は小さな島々の集まりだが、大東亜戦争勃発以来、全世界にその名を知られるようになった。

　マレー半島近くの大陸にはタイとビルマがあり、ともに日本と友好関係にある。

　昭南島〔シンガポール〕は、かつて大英帝国のものだったが、今では南洋での日本の最重要活動拠点である。

練習問題

(A) 英語で答えなさい。
1. 日本の西方にある国は何ですか？
2. アムール川のどちら側に、満州国はありますか？
3. 樺太の南半分は、どの国に属していますか？
4. フィリピン共和国で最も大きく重要な島は何ですか？
5. 現在、日本の南洋での最重要活動拠点はどこですか？

冒頭でいきなり「日本人は大東亜のすべての国の指導者である」「日本ほど強い国は世界にない」と主張する強烈な教材である。これを第3章で紹介した金子健二著 *Advancing Japan Readers* 4(1935)の第27課のSea Outposts of Japan（日本の海の前哨基地；本書105-106ページ）と比べると、日本がどれほど傲慢になってしまったかは明らかであろう。なお、練習問題(A)の英問英答は、日本語を介さないオーラル・メソッドで教えることを意図している。

　続いて、『英語3(中学校用)』(1945年1月20日発行)の第15課Burma（ビルマ）を見てみよう。1941(昭和16)年12月、ビルマではアウンサンらがビルマ独立義勇軍を創設し、日本軍の協力を得ながらイギリスの植民地支配からの独立闘争に立ち上がった。独立義勇軍は1942(昭和17)年7月にイギリス軍をビルマから放逐し、翌1943(昭和18)年8月に「ビルマ国」を誕生させた。アウンサンは1943年3月に日本に招かれ、昭和天皇から旭日章を授与された。この教材は、こうした事情を踏まえて書かれている。

BURMA

Before the war there were only a small number of Japanese living in Burma, but now there are many both soldiers and civilians, who are working and fighting, together with the natives, against out common foe.

So, instead of English the Burmese people are now learning Japanese and the natives who can speak Japanese are rapidly increasing in number. All Burmese are patiently going through many trials of the war, and all are very glad and thankful that their country is now free from the British rule and becoming happier and better.

第4章　アジア・太平洋戦争と軍国日本

> ### ビルマ
>
> 　戦争が始まるまで、ビルマに住む日本人は少数でした。しかし今では多数の軍人や一般人が住み、現地人と一緒に働いたり共通の敵と戦っています。
>
> 　ですから、ビルマ人は英語ではなく日本語を学んでいるのです。日本語が話せる現地人の数は急速に増えています。ビルマ人はみな戦争の試練に我慢強く耐え、祖国がイギリスの支配から解放され、幸福になりつつあることを全員がとても喜び、感謝しているのです。

　このように、日本軍との共闘によってビルマ人がイギリスの植民地支配から解放され、親日的であることが述べられている。

　しかし、歴史の歯車は、この教科書が刊行された直後に逆転する。1944(昭和19)年3月、日本陸軍はビルマ方面軍を主体に、インド東北部の都市インパールに駐留するイギリス軍を攻略するためにインパール作戦を強行した。しかし、莫大な犠牲者を出して失敗し、ビルマやインド国内にも甚大な被害を与えた。

　アウンサンらは日本軍のビルマへの扱いに不信、不満を抱くようになり、ビルマ共産党や人民革命党などと連携して、1945(昭和20)年3月に日本との戦いに踏みきった。さらにイギリスを含む連合国と連携して抗日運動を開始し、6月15日には対日勝利を宣言した。しかし、イギリスは約束を破ってビルマの完全独立を認めず、「英領ビルマ」として支配を続けた。アウンサンは、その後も独立のための粘り強い闘いを続けたが、1948(昭和23)年1月のビルマ独立を見ることなく、1947(昭和22)年7月に凶弾に倒れた。享年32歳だった。

　自由と民主主義を求める彼の意志は、いま長女のアウンサンスーチーに引き継がれている。

銃後の決意と試練

アジア・太平洋戦争は総力戦であるから、教科書では老若男女を問わず、国家への滅私奉公を求める教材が盛り込まれた。そんな教材を見てみよう。

『英語1』(1944)には、中学校用にBe a Good Japanese Boy!(良き日本男児たれ！)、女学校用にBe a Good Japanese Girl!(良き日本女子たれ！)という精神訓話的な教材が収められている(図4-23)。『英語編纂趣意書　中学校第一・二学年用』(1944)によれば、本文中に出てくる宮城(皇居)に向かってのbowは「最敬礼」の意味である。

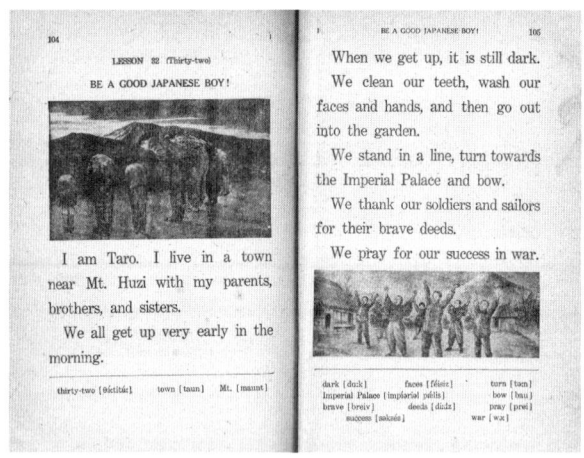

図4-23　「良き日本男児たれ！」
(『英語1(中学校用)』1944)

BE A GOOD JAPANESE BOY!

I am Taro. I live in a town near Mt. Huzi with my parents, brothers, and sisters.

We all get up very early in the morning.

第4章　アジア・太平洋戦争と軍国日本

When we get up, it is still dark.

We clean our teeth, wash our faces and hands, and then go out into the garden.

We stand in a line, turn towards the Imperial Palace and bow.

We thank our soldiers and sailors for their brave deeds.

We pray for our success in war.

After that we do exercises to train our bodies.

When our exercises are over, the sun begins to rise in the east and begins to shine upon the top of Mt. Huzi.

There before us stands Mt. Huzi, grand and noble in the beautiful morning light.

It smiles upon me, it smiles upon Ziro, it smiles upon Hanako, it smiles upon every one of us, and says : "You, good boys and girls, work cheerfully and do your best! Love your parents and love one another! That is the way to serve your country, and that is the way to be good and faithful Japanese subjects!"

良き日本男児たれ！

　僕は太郎です。富士山近くの町に両親、兄弟、姉妹と共に暮らしています。

　家族は全員とても早起きです。

　まだ暗いうちから起き、歯を磨いて顔と手を洗って、庭に出ます。

　一列に並んで立ち、宮城〔皇居〕に向かって最敬礼をします。

　陸海軍の兵隊さんたちの勇敢な活躍に感謝します。

　戦争の勝利を祈ります。

　その後は、運動をして身体を鍛えます。

> 　運動が終わる頃、太陽が東から上り始め、富士山の頂上の上で輝き始めます。
> 　目の前には、美しい朝日を浴びて、富士山が雄大で高貴な姿でそびえています。
> 　富士山は、僕にも、次郎にも、花子にも、僕たち全員にも微笑んで言います。「善良なる少国民よ、元気に勉強し頑張りなさい。ご両親を敬愛し、友だちと仲良くしなさい。それが、お国のために尽くす道です。忠良なる日本臣民となる道なのです。

　「良き日本男児」たることをめざした太平洋戦争下での「少国民」の英語学習動機について、星山三郎は「少国民の目に映じた外国語学習の意義」(1943年7月)で次のように報告している。同年4月に中学校に入学直後の生徒260名からの回答である(複数回答あり)。

```
1、英語は国際語であるから。・・・・・・・・・・・・・・・・・・・(25%)
2、日本が海外に発展し東亜共栄圏及び世界を指導す
　るため。・・・・・・・・・・・・・・・・・・・・・・・・・・・・・・・・・・(25%)
3、世界各国人との交際、交通貿易の必要上。・・・・・・・(14%)
4、敵米英又は欧米の事情を知るため。・・・・・・・・・・・(12%)
5、世界の学術又は米英の長所があれば採り入れるため。・・・(10%)
6、敵情をスパイするため。・・・・・・・・・・・・・・・・・・・・(5%)
7、世界及び南方の諸国民に日本語を教へる当座の手段
　として。・・・・・・・・・・・・・・・・・・・・・・・・・・・・・・・・・・(4%)
8、占領地に於ける通訳又は捕虜取調べのため。・・・・・・・(3%)
9、米英に対する我国の宣伝上。・・・・・・・・・・・・・・・・(1%)
10、雑・・・・・・・・・・・・・・・・・・・・・・・・・・・・・・・・・・・・・・(1%)
```

第4章　アジア・太平洋戦争と軍国日本

　次に中学2年生用の『英語2(中学校用)』(1944)から、第11課のMy Diary(僕の日記)を見てみよう。日記という形式をとることで自己表現力を高めようとしている。内容的には、防空演習や勤労奉仕など、戦時下の中学生の生活ぶりがリアルに伝わってくる。挿絵の中学生は国民服にゲートルを巻いて、バケツリレーの訓練を行っている(図4-24)。

　だが、実際の焼夷弾攻撃はバケツリレーごときで消せるような甘いものではなかった。桐生悠々は1933(昭和8)年に『信濃毎日新聞』に書いた社説「関東防空大演習を嗤ふ」で、「敵機を関東の空に、帝都の空に迎へ撃つといふことは、我軍の敗北そのものである」と警告したが、事態はその通りとなったのである。

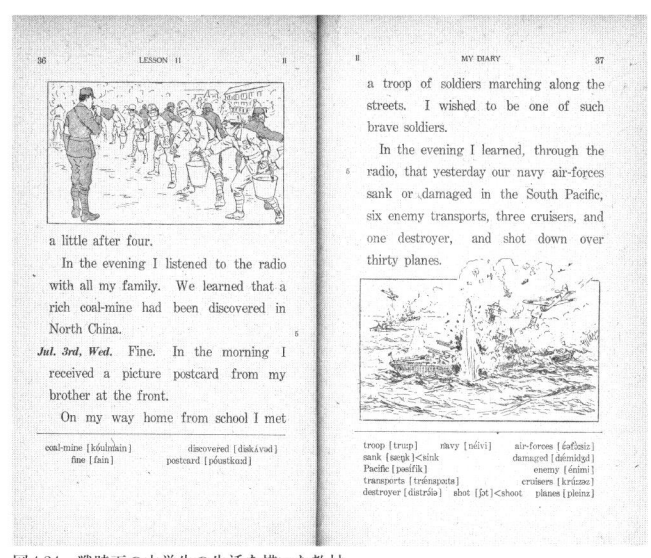

図4-24　戦時下の中学生の生活を描いた教材
(『英語2(中学校用)』1944)

MY DIARY

Jul.1st, Mon.

Wet. I got up at six. I had a slight headache. Mother told me to stay away from school as usual.

I came home with Yamada, talking about the activities of German submarines in the Atlantic.

In the evening, I felt a little feverish, and so went to bed earlier than usual.

Jul.2nd, Tues.

Cloudy. I felt better this morning. I started for school soon after breakfast.

In the afternoon we had anti-air-raid exercises at our school. I returned home a little after four.

In the evening I listened to the radio with all my family. We learned that a rich coal-mine had been discovered in North China.

Jul.3rd, Wed.

Fine. In the morning I received a picture postcard from my brother at the front.

On my way home from school I met a troop of soldiers marching along the streets. I wished to be one of such brave soldiers.

In the evening I learned, through the radio, that yesterday our navy air-forces sank or damaged in the South Pacific, six enemy transports, three cruisers, and one destroyer, and shot down over thirty planes.

I went to bed at a quarter past nine, full of gratitude to our soldiers, sailors, and airmen.

Jul. 4th, Thurs.

Bright. This was our labour-service day. Mother woke me

up at five, as I had to leave home at half past six. I was afraid it might rain, but it soon cleared up.

Our class gathered in front of the school-gate and then started for a village about three miles away.

All day long we worked and worked. When I came home, I was quite tired, but enjoyed my supper very much.

僕の日記

7月1日（月）

　雨。6時に起床。頭が少し痛い。母さんは、いつもの通り学校を休むようにと言った。

　大西洋でのドイツ潜水艦の活躍を話しながら、山田と帰宅。

　夜は微熱のため、普段より早く床に入る。

7月2日（火）

　曇り。今朝は具合が良い。朝食後すぐに学校に向かった。

　午後は学校で防空演習。4時少し過ぎに帰宅。

　晩は、家族全員でラジオを聞く。大きな炭鉱が北支で発見されたと知る。

7月3日（水）

　晴れ。朝、前線の兄から絵葉書が届く。

　登校途中に、兵隊が通りを行進しているのに出くわす。勇ましい兵隊さんになりたいものだ。

　昨日、南太平洋において、我が海軍航空隊が、敵の輸送艦6隻、巡洋艦3隻、駆逐艦1隻を沈没ないし撃破し、飛行機30機以上を撃墜したことを、晩のラジオで知る。

　陸海空で戦う兵隊さんに深く感謝し、9時15分に床に入る。

7月4日（木）

　晴朗。今日は勤労奉仕の日。6時半に家を出なければならな

> いので、母さんが5時に起こしてくれた。雨を心配するも、程
> なく晴れ上がる。
> 　我が学級は校門前に集合し、約3マイル〔4.8km〕離れた村へ
> と出発。
> 　終日、働きに働く。帰宅時には疲労困憊なるも、夕食を堪能。

　平日の木曜日にもかかわらず、学業を放棄して早朝より農村での勤労奉仕に動員され、疲労困憊するまで働かされていた中学2年生の姿が描かれている。

　ラジオ放送は海軍航空隊の大戦果を報じているが、いわゆる「大本営発表」の虚報であろう。大本営による戦果の偽造ぶりはすさまじく、冨永謙吾『大本営発表・海軍篇』(1954)によれば、戦艦と巡洋艦の公表戦果は、ともに実際の10.6倍、空母は6.5倍、飛行機は7.0倍と、大幅に水増しされた。米空母レキシントンは6回、サラトガは4回も沈没したことになる。軍上層部の戦況報告に対して、昭和天皇は「サラトガが沈んだのは、今度でたしか4回目だと思うが」と苦言を呈したという。

　今日、辞書で「大本営発表」を引くと、「…戦況が悪化しているにもかかわらず、優勢であるかのような虚偽の発表をくり返した。転じて、政府や有力者などが発表する、自分に都合がよいばかりで信用できない情報」(『大辞泉』)という語釈が掲載されている。3基の原子炉が炉心溶融事故を起こし、未だに放射性物質を放出し続けている東京電力福島第一原子力発電所について、2013(平成25)年9月に安倍晋三首相は"the situation is under control"(状況は統御されています)と世界に向かって発言した。これなどは「大本営発表」の典型であろう。

　次に、『英語3(高等女学校用)』(1945)の第1課 For the Joy of New

第4章　アジア・太平洋戦争と軍国日本

Life（新生の喜び）を読んでみよう（全文）。

For the Joy of New Life

They have long endured hardships; the cold north wind blew through them, the frost nipped their roots. But they never complained. They have endured all this bravely, never losing hope.

Now they are born again, and are full of life and joy. Is this not a good lesson that Nature teaches us?

Nature shows us that every living thing must go through pain and suffering before it can enjoy a new life. So it is with us, too.

Since the War of Greater East Asia broke out, we have overcome a great many difficulties. But now we are ready to overcome still more. For we know that it is only those who endure pain to the last that will win the victory.

Then, let us meet every difficulty with a smile, let us make every test a steppingstone to the final victory, and let us march forward cheerfully all together, until we establish a new order in this Greater East Asia.

No pains, no gains.

He who would gather roses must not fear thorns.

Fortune favours the brave.

EXERCISE

Put into English : —

1. 冬は過ぎました。今は春です。野も山も新緑で覆はれています。

2. 昨日は二三人のお友達と一しょに靖国神社に参拝しました。(visit)
3. 神社の桜花は満開でまことに美しうございました。
4. 私どもは神社の前で大東亜戦争の完遂を祈願いたしました。(success)

新生の喜び

　長い間、苦しみに耐えてきました。吹き付ける冷たい北風にも、根を痛めつける霜にも。不平不満は決して口にしませんでした。勇ましく困難を堪え忍び、決して希望を失いませんでした。

　今、命が再びよみがえり、活気と喜びに溢れています。これは、自然が教えてくれる教訓だと思いませんか？

　自然は教えてくれます。生き物はすべて新生の喜びを味わう前に、苦痛に耐えなければならないのです。同じことが、私たち人間にも言えるのです。

　大東亜戦争の勃発以来、我々は数多くの困難を克服してきました。今また、さらなる困難を乗り越える覚悟はできています。最後まで辛苦に耐えた者だけが、勝利を収めることができることを知っているからです。

　あらゆる困難に笑顔で向き合いましょう。あらゆる試練を最終的な勝利への足がかりとしましょう。みんなで前を向いて元気に行進しましょう。この大東亜に新秩序を確立するまでは。

　苦は楽の種（苦労なしには成果もない）。
　バラを求める者は、棘を恐れてはならない。
　幸運は勇者に微笑む。

「吹き付ける冷たい北風」「根を痛めつける霜」に始まり、「困難」「苦痛」「辛苦」「試練」という重い言葉が並ぶ。この教科書が発行されたのは敗戦の半年前だった。すでに戦局は絶望的で、日本軍は撤退と玉砕を重ねていた。日本各地で連日繰り返される空襲により、一般人の被害も日に日に増え、食料をはじめとする物質的な困窮も甚だしかった。そのため、この教材では「勝利」のための具体的な展望は何一つ書かれることなく、ひたすら悲壮な精神論だけが繰り返されている。練習問題の最後では、大東亜戦争の「勝利」ではなく「完遂」と表現している。これにsuccessという英語をあてているが、普通ならcompletionで、結果がどうであれ最後までやり遂げることである。

なお、戦後の1946(昭和21)年に刊行された『英語3』の改訂版（暫定教科書）では、練習問題の「昨日は二三人のお友達と一しょに靖国神社に参拝しました。」が「昨日は二三人のお友達と一しょに上野公園に行きました。」に、「神社の桜花は満開でまことに美しうございました。」が「上野公園の桜花は満開でまことに美しうございました。」に改訂された。GHQ(連合国軍最高司令官総司令部)の占領政策の一環として、国家神道の禁止が打ち出されたためである。「私どもは神社の前で大東亜戦争の完遂を祈願いたしました。」は、もちろん全面削除された。

「墨ぬり」による〈戦争〉教材の隠蔽

1945(昭和20)年8月の敗戦とともに、これまで見てきたような教科書の〈戦争〉教材は削除・修正された。これがいわゆる「墨ぬり」教科書で、教育観の大転換を証言する第一級の資料である。しかし、敗戦直後の混乱などで現存数はきわめて少なく、特に英語教科書は希少である。そこで筆者は、家蔵の6冊を含む15冊の「墨ぬり」英

語教科書を調査し、1946（昭和21）年度改訂版の「暫定英語教科書」とともに、論文「『墨ぬり』英語教科書の実証的研究」（磯部ゆかりと共著、2006）および拙著『日本人は英語をどう学んできたか』（2008）で詳細に考察した。そのため、ここではその後に入手した2冊の「墨ぬり」英語教科書の知見も加え、概要を述べるにとどめたい。

教科書へのいわゆる「墨ぬり」は、敗戦直後の1945年の秋から翌年の新学期までの間に行われたもので、外国語教科書に関してはGHQや政府からの具体的な指令は発見されておらず、教師が各自の裁量で生徒に指示したと考えられる。そのため、「墨ぬり」の対象箇所や程度にはかなりのばらつきがあり、中には無削除のまま戦後に使用された例もある。

削除の形態は多様で、①教科書の本文が見えなくなるまで墨を塗ったもの、②紙を貼って中を見えなくしたもの、③ページをのり付けして開かなくしたもの、④切り取ったもの、⑤墨やペンなどで×を付けたり線を引いただけで元の文章が読めるもの、などがある（図4-25下）。

図4-25の上は『英語1（高等女学校用）』（1944年3月10日検定済）の「紙貼り」された例で、もともとは "We stand in a line, turn towards the Imperial Palace and bow."（私たちは一列に立って、宮城(きゅうじょう)の方を向いて最敬礼をします）と皇居遥拝の様子が書かれていた（191ページ参照）。ところが敗戦後は天皇崇拝が不都合になったため、この上に紙を貼って鉛筆で "We stand in a line and do exercises to the radio."（私達は一列に立って、ラジオに合わせて体操をします）と書いて修正したのである。そう言われれば、屈伸運動に見えなくもない。

墨ぬり指令の中心人物だった久保田藤麿・文部省青少年教育課長（当時）によれば、こうした「墨ぬり」の目的は「機密書類の焼却と似通ったところがあった。つまり、日本へ進駐してくる米軍の目

第4章　アジア・太平洋戦争と軍国日本

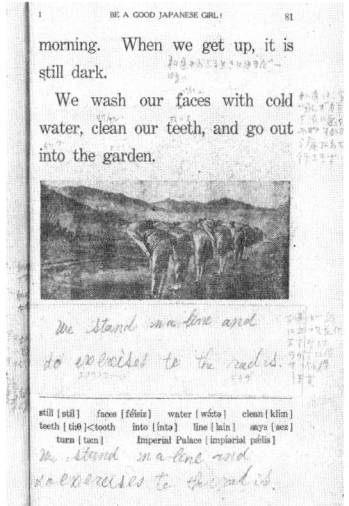

図4-25　「墨ぬり」の削除・修正例
（上は『英語1（高等女学校用）』、下は『英語』各学年版）

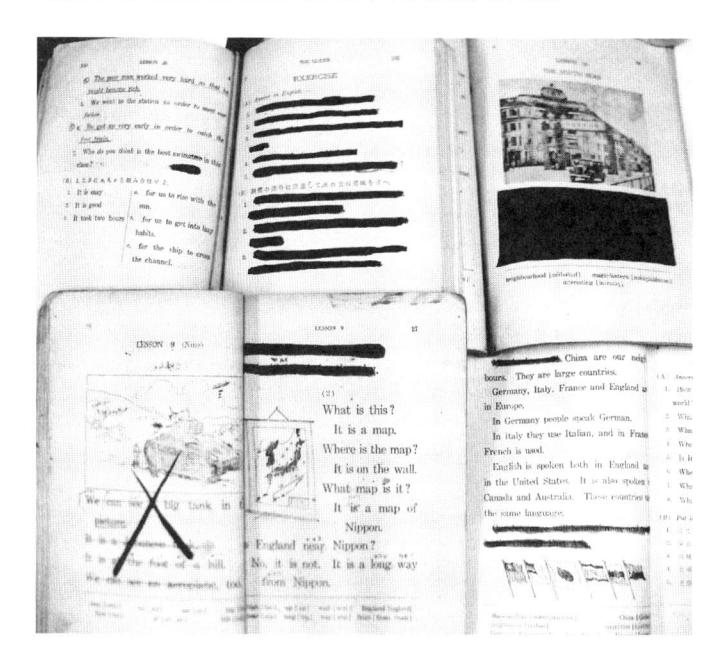

から、教科書のなかの軍国主義的なところを事前に隠してしまおうというのがねらい」(読売新聞戦後史班編『昭和戦後史　教育のあゆみ』25ページ)だったという。

このように、「墨ぬり」は授業で〈戦争〉教材を教えたことを隠蔽するための証拠隠滅行為だった。こうして、どの英語教材がなぜ「誤り」だったのかの検証も問題の共有化もしなかった。いわば、とどめを刺すことなく、土をかけて埋めてしまい、存在しなかったことにしただけなのである。

そのため、戦前の体験者を除いては、どのような〈戦争〉教材が実際に使われていたのかについてはほとんど知られないまま、戦後の70年が経過してしまった。体験者の数もどんどん減っている。

だからこそ、本格的な検証作業にもとづく真摯な反省が必要なのである。

それをしない限り、同じ過ちが繰り返されかねない。「戦後は民主主義国家になったのだから大丈夫だ」という考えは甘い。実際に、戦後にも英語教科書の「墨ぬり」事件は起きた。1988(昭和63)年、すでに文部省検定に合格していたにもかかわらず、高校2年用の教科書である中村敬ほか著 *First English Series II*(1988年3月31日検定済：高校)の第13課 War(戦争)の内容が一部の与党議員や学者らから攻撃され、それがきっかけでミュージカルの My Fair Lady(マイ・フェア・レディー)への差し替えを余儀なくされたのである。教材 War は戦争の残虐さを多角的に扱ったものだったが、その中でアジア・太平洋戦争中の日本軍の残虐行為に触れていたため、「反日教科書」とのレッテルを貼られて激しい攻撃を受けたのである。本当に排除すべき教材だったのだろうか。本文を読んでみよう。

Lesson 13　War

戦争

「日本人が一番むごいことをする」と東南アジアの友人に言われ、筆者はびっくりします。ほんとうに日本人が世界で一番むごいのでしょうか。そもそも戦争とは何なのでしょうか。

—1—

"Which nation is the most cruel?"

"The Germans."

"No. No. The Japanese."

So went the conversation at a party where I was the only Japanese. The others were all Southeast Asians—some from Malaysia, some from Singapore.

I was most embarrassed when one of them said that the Japanese were the most cruel.

—2—

One of my Malaysian friends described something that apparently happened in Malaysia during World War II.

One day a friend of his heard a terrible cry outside his house. He ran out. A young mother was crying bitterly because a Japanese soldier had grabbed her little baby girl from her.

What did the soldier do then? He threw the baby up into the air and ran his sword through it. The baby died on the spot.

—3—

War makes people cruel. So we cannot say one nation is more cruel than another.

You remember Duc-chan and Viet-chan? They were the

victims of the Vietnam War.

The American forces scattered poison by helicopter over a large area. As a result a number of children like Duc-chan and Viet-chan were born. Women who breathed in the poisoned air gave birth to such unfortunate children.

— 4 —

The son of Mr Luu, one of my Vietnamese friends, is also a victim of US military operations. His mother breathed in the poisoned air and he was born mentally handicapped.

Now he is 16 years old but he cannot be expected to live an ordinary life. These stories are sad, but sometimes we have to face uncomfortable things to make our life better.

—1—

「どこの国の人が世界で一番残酷だと思う？」
「そりゃあドイツ人だ」
「いや違う。日本人だ」

これはあるパーティーでの会話である。パーティーにいた日本人は僕だけで、他の参加者はすべて東南アジアからの人で、マレーシアやシンガポールの人たちだった。

その中の一人が、日本人が一番残酷だ、と言ったとき、僕はどうしてよいか分からないほど当惑したのだった。

—2—

マレーシアからの友人の一人が、第二次世界大戦中に起こったとされていることについて話した。

ある日彼の友人の一人が家の外でものすごい叫び声を聞いた。外に飛び出してみると、若い母親が激しく泣き叫んでい

第4章　アジア・太平洋戦争と軍国日本

た。一人の日本兵が彼女からかわいい女の赤ちゃんを取り上げたからだ。

　それから日本兵は何をしたと思う？　その赤ちゃんを空中にほうリ投げ、赤ちゃんを銃剣で突き刺したのだ。赤ちゃんは即死だった。

—3—

　戦争は人間を残酷にする。だから、ある国民が他の国民よりも残酷である、というようなことは言えない。

　ドクちゃんとベトちゃんのことを覚えているだろうか。二人はベトナム戦争の犠牲者だった。
　米軍は有毒な薬物をヘリコプターから広範囲に散布した。その結果、ドクちゃんやベトちゃんのような子どもが生まれた。有毒な薬物を含んだ空気を吸った女性がこのドクちゃんやベトちゃんのような不幸な子どもを産んだのである。

—4—

　僕のベトナム人の友人の一人であるルーさんの息子も、米軍の軍事作戦の犠牲者となった。母親が有毒な空気を吸ったために、息子さんは精神に障害をもって生まれた。
　今息子さんは16歳だが、普通の生活を送ることができない。
　実際こうした話は悲しい。しかし、生活を少しでもましなものにするためには、どんなに不愉快なことであっても、そのことから目をそらさないことが大切だ。

　（中村敬・峯村勝『幻の英語教材——英語教科書、その政治性と題材論』三元社、2004、129〜131ページ）

読めばわかるように、この教材が最も伝えたかったことは、「戦争は人間を残酷にする。だから、ある国民が他の国民よりも残酷である、というようなことは言えない」ということであり、「生活を少しでもましなものにするためには、どんなに不愉快なことであっても、そのことから目をそらさないことが大切だ」というメッセージであろう。いずれも、子どもたちが現代世界を生きていく上で欠かすことのできない視点である。こうした教材を政治的な圧力で削除・抹殺してしまったという事実は、教育内容論の面からも、言論出版の自由という面からも、きわめて大きな課題を私たちに提起し続けている。
　事件の経緯と総括については、当事者の中村敬と峯村勝が前掲の『幻の英語教材』で詳細に書いている。事件当時のメディア報道や、日本軍のマレーシアでの残虐行為を含む豊富な資料も添えられているので、ぜひお読みいただきたい。
　この事件に対する英語教育関係者の反応はどうだったのだろうか。「残念ながら反応は異様なとも言えるほど鈍かった。これが今回の『事件』にかかわるもっとも不可解なことの一つである」(前掲書、39ページ)という。当時刊行されていた4種類の英語教育雑誌も、この問題への寄稿を中村らに求めなかった。
　こうして英語教育界の多くは声を上げることなく、有効な対策が取れなかった。その意味でこの事件は、戦前・戦中の〈戦争〉教材に対する問題と同様、日本の英語教育界では未だに総括がなされていないのである。
　敗戦から40年以上がたった時期に、なぜ再び「墨ぬり」事件を許してしまったのか。今後、同様のことを繰り返さないために何をすればよいのか。過去の〈戦争〉教材と「墨ぬり」教科書の歴史を検証しながら考え、行動することが求められている。
　ドイツはナチス時代の戦争犯罪と正面から向き合い、厳しい反省を物心両面で明らかにすることを通じて、戦後ヨーロッパ社会への

復帰を許された。ドイツ大統領だったヴァイツゼッカーは、戦後40年の1985(昭和60)年に「荒れ野の40年」と題する演説で次のように述べている。

　罪の有無、老幼いずれを問わず、われわれ全員が過去を引き受けねばなりません。(中略)過去に目を閉ざす者は結局のところ現在にも盲目となります。非人間的な行為を心に刻もうとしない者はまたそうした危険に陥りやすいのです。

おわりに

〈戦争〉英語教材で読む日本近代史。

本書はそのような本になった。

これは筆者が意図したのではない。英語教科書の〈戦争〉教材を通時的に並べた結果、戦争に明けくれた日本近代史の姿がくっきりと浮かび上がることになってしまったのである。それほどまでに、明治以降の英語教科書は〈戦争〉教材を盛り込み続けてきた。

幕末から明治初期にかけて、白人中心主義的な文明段階説で「半文明人」とされた日本人は、西洋列強に追いつくべく富国強兵に乗り出した。日清・日露戦争に勝利し、第一次世界大戦の戦勝国となることで、日本は「文明国」の仲間入りを果たした。しかし、それは戦争と植民地支配をともなう帝国主義の道のりであり、周辺アジア諸国や英米との軋轢を不可避としたのだった。そうした日本近代史の軌跡が、英語教科書には刻まれている。

〈戦争〉を切り口として英語教科書を読み直すと、日本の英語教育史像が一変してしまう。それが、本書を書き終えての率直な感想である。

本書に登場した教科書の執筆者には、明治以降の日本を代表する英語学者・英文学者・英語教育者である神田乃武、斎藤秀三郎、井上十吉、浅田栄次、武田錦子、片山寛、細江逸記、増田藤之助、青木常雄、塩谷栄、武信由太郎、勝俣銓吉郎、石川林四郎、石黒魯平、佐川春水、森巻吉、斎藤静、小日向定次郎、岡田明達、飯島東太郎、金子健二、上條辰蔵、豊田實、長岡擴、江本茂夫などが名を連ねている。いずれも日本の英語教育史において多大な功績をあげた人物ばかりである。

しかし、〈戦争〉教材の執筆者としての側面から彼・彼女らの仕事を見直すならば、そこにはまったく別の顔が見えてくる。本書で

具体的に見てきたように、程度の差はあれ、〈戦争〉教材を通じて戦争や軍人を賛美し、天皇や国家のために命を捧げることを説き、戦争完遂のために滅私奉公を求め、他民族への蔑視や、植民地獲得の魅力などを生徒たちに語ってきたのである。

そして、これらの教科書を採択し、それを使って英語の授業を行ってきたのは、一人ひとりの教師たちだった。その意味では、「英語教科書は」ではなく、「英語教師は」〈戦争〉をどう教えてきたかが問われるのである。

結果として、子どもたちはどうなったのだろうか。

こうした英語教育の過去を直視することなしには、これからの子どもたちを守れない。そうした問題意識から、明治以降の英語教科書を読み直し、〈戦争〉教材の真実の姿を検証してきた。

本来ならば、こうした検証と清算は、1945（昭和20）年の敗戦直後に行われるべきだった。しかし実際には、教科書に墨を塗ることで不都合な真実を覆い隠し、真摯に反省することなく封印してしまった。

それをよいことに、生きたまま蓋をされただけのゾンビたちが、また息を吹き返しつつあるようである。1988（昭和63）年に起きた戦争教材の差し替え事件は、その一端だった。だからこそ、〈戦争〉教材の本当の姿を具体的に明らかにし、今度こそ真摯に反省・総括し、二度と息を吹き返せないようにしなければならない。

そうした作業は、「はじめに」でも述べたように、平和と民主主義を享受できる今日の「安全圏」に我が身を置いて、過去の著者たちを指弾する姿勢で行うべきではない。知識と想像力を働かせ、みずからを各時代状況の中に投じて、「そのとき自分なら何ができたのか」を自問することが必要なのである。その作業は苦痛を伴うものかもしれない。しかし、骨身にしみるような痛みを感じることなしに、同じ過ちをくい止めることはできない。

〈戦争〉教材が教科書に掲載されたのは、太平洋戦争末期を除けば、国の上層部が命じたからではない。〈戦争〉教材を求める民意があったからだった。もちろん、そうした民意は政府・軍部・メディア・学校によって意図的に形成され、特に1930年代の国民精神総動員運動のように強引に形成されたこともあった。それでも、作られた「空気」に公然と抗うことなく、同調圧力に屈し、流れに身を任せてしまった国民が多かったこともまた、この国の歴史的現実だったのではないだろうか。

　もちろん、少数ではあるが、反戦平和と民主主義のために闘った人たちも存在し、平和への願いを教科書に書き込んだ人たちもいた。その事実もまた忘れてはなるまい。

　平和も民主主義も、国民一人ひとりが絶えず守り育て続けていかなければ空洞化してしまう。そして今、教育と教科書が危ない。とりわけ、英語教育政策が危険である。「世界と戦える」上位1割の「グローバル人材」育成が国策とされ、それに従わない限り学校の予算も人員もカットするという政策誘導が行われているのである。小学校英語教育の早期化・教科化や、中学や高校で英語の授業を英語で行わせるなどの方針を、学問的・合理的な根拠も、実践的な検証もないまま強行する姿勢は、戦前の軍部とそっくりである。

　学校の英語教育の目的は、グローバル企業のための技能教育・人材教育ではない。どのような人間を育てるかという、学校教育の本質論を考えるべきときに来ている。

　そのための豊富な材料を、〈戦争〉教材は提供している。さらなる検証と考察を求めてやまない。

☆

　本書の刊行にあたっては、企画から校正に至るまで、研究社編集部の高橋麻古さんにたいへんお世話になった。前回の『受験英語と

日本人——入試問題と参考書からみる英語学習史』(研究社、2011)に次いでタッグを組むことになり、今回も絶妙の原稿督促と緻密な仕事のおかげで完成にこぎ着けることができた。心からの感謝を捧げたい。

　また、神奈川大学の2015年度国内研究員として和歌山大学大学院での私の演習に参加し、助言と協力を惜しまなかった久保野雅史先生、同じく院生の池田恵さんにも深く感謝したい。

2015年初夏

江利川 春雄

主要参考文献
＊教科書類は除く

荒畑寒村『平民社時代──日本社会主義運動の揺籃』中央公論社、1973

磯辺ゆかり・江利川春雄「『墨ぬり』英語教科書の実証的研究」『和歌山大学教育学部紀要(人文科学編)』第56集、2006

ヴァイツゼッカー、リヒャルト・フォン著、永井清彦訳『荒れ野の40年──ヴァイツゼッカー大統領演説全文』岩波書店(岩波ブックレットNo.55)、1986

馬本勉「『パーレー万国史』独習書に関する研究」『英語と英文学と──田村道美先生退職記念論文集』田村道美先生退職記念事業会、2014

江利川春雄「戦時下の準国定英語教科書とその墨ぬり版(1)」『鈴鹿工業高等専門学校紀要』第27巻第1号、1994、pp.123-141

江利川春雄「戦時下の準国定英語教科書とその墨ぬり版(2)」『鈴鹿工業高等専門学校紀要』第27巻第2号、1994、pp.65-83

江利川春雄『近代日本の英語科教育史──職業系諸学校による英語教育の大衆化過程』東信堂、2006

江利川春雄『日本人は英語をどう学んできたか──英語教育の社会文化史』研究社, 2008

江利川春雄『英語教育のポリティクス──競争から協同へ』三友社出版、2009

小篠敏明・江利川春雄編著『英語教科書の歴史的研究』辞游社、2004

川田順造編『「未開」概念の再検討Ⅰ・Ⅱ』リブロポート、1989

倉沢愛子ほか編『岩波講座アジア・太平洋戦争』(全8巻)岩波書店、2005～2006

Craig, A. M. *Civilization and Enlightenment: The Early Thought of Fukuzawa Yukichi.* Harvard University Press, 2009〔足立康・梅津順一訳『文明と啓蒙──初期福澤諭吉の思想』慶應義塾大学出版会、2009〕

黒澤一晃「戦時下の英語教育──神戸での一体験」『日本英語教育史研究』第14号、1999

語学教育研究所編『英語教授法事典』開拓社、1962

酒井一臣「『文明国標準』の南洋観──大正時代における一教授の認識」『立命館言語文化研究』第21巻第4号、2010

佐藤惠一「満洲国(その背景と教育からみた英語像)」『日本英語教育史研究』第4号、1989

主要参考文献

佐藤惠一「旧植民地の英語教育──満洲における英語教育とその周辺」『日本英語教育史研究』第11号、1996

佐藤惠一「満洲における英語教育──満鉄の教育及び満洲国の国定教科書」『日本英語教育史研究』第14号、1999

尚志会『外国語教育の革新』(尚志教育論叢　第6輯)尚志会、1942

中等学校教科書株式会社編『英語編纂趣意書〈中学校第1,2学年用〉』中教出版、1944

中等学校教科書株式会社編『英語編纂趣意書〈高等女学校第1,2学年用〉』中教出版、1944

冨永謙吾『大本営発表・海軍篇』青潮社、1952

内閣情報局『写真週報』第257号、1943

中村紀久二『検定済教科用図書表　解題』芳文閣、1986

中村敬・峯村勝『幻の英語教材──英語教材、その政治性と題材論』三元社、2004

日本放送協会編『文部省　新制中等学校教授要目取扱解説』日本放送出版協会、1944

府川源一郎「田中義廉編『小学読本』冒頭教材の出典について──「五人種」の図像とその意味」全国大学国語教育学会『国語科教育』第68集、2010

文教部編審官室「教科書審査報告書」康徳二年(復刻版　1937)『「満洲・満洲国」教育資料集成』第9巻、エムティ出版、1993

星山三郎「少国民の目に映じた外国語学習の意義」『語学教育』第190号、1943年7月号

星山三郎「難産短命だった戦時日本的英語教科書編集回想録」語学教育研究所編『ことばと教育と時代』開拓社、1983

細谷千博『シベリア出兵の史的研究』有斐閣、1955(岩波現代文庫、2005)

眞嶋亜有『「肌色」の憂鬱──近代日本の人種体験』中央公論新社、2014

百瀬孝『事典　昭和戦前期の日本──制度と実態』吉川弘文館、1990

文部省『検定済教科用図書表』1887〜1944(復刻版　中村紀久二編纂・解題、芳文閣、1985〜86)

文部省総務局調査課「第八十四回　第八十五回帝国議会　本省所管事項質疑応答要領」1944

読売新聞戦後史班編『昭和戦後史　教育のあゆみ』読売新聞社、1982

索 引

【あ行】
『あゝ 山本軍曹(和英対訳)と老兵戦話(英和対訳)』 138
「愛国行進曲」 147, 148
愛国心 132
愛国心教育 147
愛新覚羅溥儀 120, 123
アイヌ民族 51
アウンサン 188, 189
アウンサンスーチー 189
青木常雄 175, 208
赤尾好夫 70
浅田栄次 107, 109, 110, 208
アジア・太平洋戦争 119, 190, 202
安倍晋三 196
荒木貞夫 126
「荒れ野の40年」 207
飯島東太郎 89, 141, 142, 208
池田恵 211
石川啄木 82, 84
石川林四郎 70, 208
石黒魯平 70, 208
維新政府 140
磯部ゆかり 200
板倉聖宣 7
一党独裁 153
伊藤博文 31, 68, 83
伊藤義末 34
稲葉三郎 102
委任統治領 104, 106
井上十吉 60, 166, 208
今井信之 84
『岩波講座アジア・太平洋戦争』 119
インパール作戦 189
ヴァイツゼッカー 207
ウィルソン大統領 103
上田八一郎 118, 132
ヴェルサイユ条約 86, 111
ヴェルサイユ体制 111
ウェルズ, H.G. 81
ウォッシュバーン、S. 70
内村鑑三 54

馬本勉 24
英学 13
英学本位制 13
『英語』 174, 175
『英語1(高等女学校用)』 200, 201
『英語1(中学校用)』 117, 175, 176, 190
『英語教科書の歴史的研究』 4
英語教授研究会 55, 56
『英語教授法事典』 156
『英語3(高等女学校用)』 177, 196
『英語3(中学生用)』 95, 180, 188
『英語2(中学校用)』 180, 181, 184, 193
『英語編纂趣意書 中学校第一・二学年用』 184, 190
『英文通信』 156, 157, 159, 160
『エセー』 19
江本茂夫 136, 208
黄褐色人種 27, 28
黄禍論 52, 53
黄色人種 27, 28, 53
汪精衛(汪兆銘) 140
大隈重信 33
大山郁夫 133
岡田明達 75, 76, 93, 94, 101, 102, 110, 208
岡田実麿 114
小川二郎 168, 173
小篠敏明 4
オーラル・メソッド 175, 188

【か行】
開化(Enlightened) 12
海軍機関学校 64
海軍兵学校 64
『外国語科指導書 中等学校第一学年用』 172
「学習指導要領英語編(試案)」 173
革命運動 101
鹿島長次郎 55
臥薪嘗胆 54
加設科目 10
片山潜 54
片山寛 88, 109, 110, 208

索引

学校系統図　7
勝俣銓吉郎　142, 146, 149, 208
金子健二　104, 105, 155, 156, 188, 208
上條次郎　163
上條辰蔵　83, 85, 136, 163, 208
川澄哲夫　iii
韓国併合　83, 84
神田乃武　52, 68, 102, 115, 128, 129, 142, 143, 153, 164, 165, 208
関東軍　124, 125, 135, 139
関東軍参謀本部　124
関東大震災　118
観兵式　71, 73, 74
神戸直吉　41, 42, 44
『きけ　わだつみのこえ』　127
北原白秋　147, 149
冀東防共自治政府　140
義兵運動　83
「君が代」　35, 36, 73
教育勅語　41, 75
教育統制　138
教科書検定制度　2
教科書統制　138
供給本　iv, v, 2, 4, 6
教授要目　v
桐生悠々　193
『近代日本の英語科教育史』　6, 10
勤労奉仕　196
久保田藤麿　200
久保野雅史　211
倉石武四郎　168
『倉石中等支那語』　168
倉沢愛子　119
黒岩涙香　54
黒澤一晃　175
グローバル人材　210
軍事費　130
ゲルニカ爆撃　101
建艦休止期間　129
「現代日本の開化」（演説）　37
検定外国語教科書　8, 9
検定合格本　4
検定申請本（見本本）　4, 6
『検定済教科用図書表』　3

原爆　131
言論・思想統制　138
皇紀　160
皇居遙拝　200
『高等科英語』　174
『高等小学読本　四』　50
高等小学校　8, 10
高等小学校での英語の加設率　10
高等女学校　8, 10
「高等女学校に於ける学科目の臨時取扱に関する件」　171
幸徳秋水　54
『国語読本尋常小学校用　巻七』　49
国際連盟　81, 86, 102, 104, 106, 128
黒色人種　17, 18, 27, 28
国粋主義　155, 160
国粋大衆党　155
『国体の本義』　136
国体明徴　136, 155
国体明徴運動　160
国体明徴声明　136
国定教科書　2, 41, 71, 174
国民　41
国民学校　174
国民国家　41
国民精神総動員　146, 147, 210
国民政府　140
国民帝国　29
国民党府　140
国立教育政策研究所教育研究情報センター　教育図書館　6
5種選定　138
御真影　75
五人種図　30, 31, 34
5大国　111, 112
児玉源太郎　68
国家総動員法　135
小日向定次郎　93, 95, 126, 127, 208
米騒動　115

【さ行】
斎藤静　120, 147-150, 153, 208
斎藤秀三郎　14, 83, 208
堺利彦　54, 133

215

佐川春水　65, 94, 95, 208
櫻井役　171
笹川良一　155
佐々木文美　51
佐藤惠一　139
佐藤喬　111
3・1独立運動　86
三国干渉　52, 54, 60
三省堂編輯所　98, 102, 125, 130, 143, 153, 164
三大強国　113
暫定教科書　199
三民主義　139, 140
GHQ（連合国軍最高司令官総司令部）　70, 199, 200
塩谷栄　61, 73, 75, 76, 87, 112, 208
七博士意見書　54
「実業学校教科教授及修練指導要目（案）」　168
実業学校　8, 10
実業教育振興委員会　135
実業教育振興中央会　135, 156, 157, 169
実業教科書株式会社　135
『実業独語』　169
『実業マライ語』　169
支那語　123, 124
師範学校　8, 10
シベリア出兵　114, 115
島崎藤村　147
下関条約　28, 48, 60
社会主義革命　86
社会主義政権　114, 115
社会ダーウィニズム　53
『写真週報』　167
上海事変　124, 125
重慶爆撃　101
準国定教科書　117, 174
蒋介石　142
『小学読本』　30, 31
小学校英語教育　210
「少国民の目に映じた外国語学習の意義」　192
少年戦車兵学校　177
『昭和十八年度中等学校青年学校教科用図書総目録（付国民学校高等科用）』　169
「昭和十六年度中等学校等教科書に関する件」　138
昭和天皇（裕仁親王）　75, 76, 85, 196
殖産興業　13
植民地支配　208
植民地侵略　133
『初中英語2』　140, 141
『資料日本英学史2 英語教育論争史』　iii
資料批判　2, 6
人種平等　102
臣民　41
人類館事件　50
須貝清一　131
鈴木富太郎　133
「墨ぬり」　117, 200-202, 206
「墨ぬり」英語教科書　199
「墨ぬり」教科書　160, 199
生蕃　50
西洋化　13, 79, 80, 162, 163
『西洋事情』　31, 34
『世界国尽』　20, 21
赤褐色人種　27, 29
積善館編輯所　135
積極的平和主義　131
全国労農大衆党　133
戦後70年　vi
潜水艦　89, 92-95
〈戦争〉教材　v-vii, 208-210
戦争ごっこ　56-58
戦闘綱要　136, 137
総力戦　86, 135, 190
『速成満州語自習書』　124
ソビエト社会主義共和国連邦　86, 134

【た行】
第一次世界大戦　86-90, 92, 95, 101, 102, 111
大正天皇　75
大東亜共栄圏　159, 160, 168, 172, 173, 175, 184
大東亜建設審議会　184
大東亜戦争　172, 173, 198, 199
第二インターナショナル　54

索 引

第二次世界大戦　95, 104, 152
大日本帝国　84, 162
太平洋戦争　163, 167, 177
『太平洋戦争と英文学者』　iii
大本営発表　196
台湾　48, 49
高松高等商業学校　138
瀧川規一　131
武田錦子　56, 57, 208
武信由太郎　68, 89, 208
脱亜入欧　20
脱亜論　33, 34
田中隆吉　124
ダブル・スタンダード　168
玉真岩雄　55
治外法権　80
中華思想　12
中学校　6, 10
中華民国臨時政府　140
中国占領地　138, 141
中等学校教科書株式会社　174
朝鮮の植民地化　82
対馬丸　95
津田芳雄　118, 132
帝国主義　208
敵国語　160
デフォー、ダニエル　28, 107
天長節　71-73
天皇　71-75, 83, 136
天皇制　160
ドイツ国防軍　131
東京電力福島第一原子力発電所　196
東郷吉太郎　55
東郷平八郎　39, 61, 68, 69
東条英機　184
東書文庫　6
トピック（題材）　iv
冨永謙吾　196
豊田實　68, 208

【な行】
ナイヴァー、H. B.　35, 37
内閣情報局　167
内地雑居　81

長岡擴　129, 208
中村紀久二　2-4
中村敬　202, 205, 206
中村賢二郎　138
ナチス・ドイツ　104, 135, 150-152
夏目漱石（金之助）　37, 47
南京大虐殺　142
南山の戦い　60
南日恒太郎　1
南洋群島　86, 104-107
南洋ブーム　104
西脇順三郎　111
日英通商航海条約　80
日英同盟　54, 81, 86, 87
日独伊三国同盟　148, 167
日独防共協定　148
日米地位協定　81
日満支経済ブロック　184
日露戦争　52-55, 61, 64, 67-69, 71, 80, 82
日清戦争　41, 42, 44-47, 71, 80
日中戦争　130, 133
日中全面戦争　140
新渡戸稲造　102
203高地　61
日本英語教育史学会　2
日本海海戦　61, 63-65
日本共産党　133
日本国憲法　vi
日本国憲法第9条　vi
日本文化研究会独逸語部　168
乃木希典　59, 68-71
ノモンハン事件　135

【は行】
排日移民法　52
白色人種　17, 18, 26
白人中心主義　208
爆弾三勇士　126, 127
幕末以降外国語教育文献コーパス画像データベース　3
八八艦隊　114
パーマー、H. E.　175
浜林生之助　113, 116, 167
バルチック艦隊　61, 66, 67

217

『パーレー万国史』 21, 24
『巴来萬国史』 22, 23
蕃人 28, 49, 50
反戦 133
反戦平和運動 101
反帝国主義 133
半文明（Half-Civilized） 12
半文明国 112
半文明人 18, 19, 33, 34, 50, 81, 208
飛行機 89, 95, 96, 100
非国民 146
非常時 116
ビスマルク 68
人食い人種 18, 27, 28, 109
ヒトラー 148-152
ヒトラー・ユーゲント 149
日の丸 58, 59
日比谷焼き討ち事件 82
裕仁親王 → 昭和天皇
ファシズム 152-154
深澤由次郎 70
深見義一 149
府川源一郎 31
福沢諭吉 14, 21, 31, 33, 34
富国強兵 13, 40, 208
不認定・無効却下本 4
不平等条約 80
ブルーメンバッハ 19
プレハーノフ 54
『プロレタリア英語入門（A First Course of Proletarian English）』 133
プロレタリア国際主義 55
文明（Civilized） 12
文明開化 12-14, 18, 20, 21
文明開化人 18
文明国 208
文明5段階説 14, 33, 37, 109, 163
文明人 81, 109-111
文明段階説 11, 208
平民社 55
『平民新聞』 54, 55
平和 131, 133
奉安殿 75
北洋艦隊 44

星山三郎 183, 192
細江逸記 79, 81, 90, 208
北海道旧土人保護法 51
ポーツマス講和条約 82
堀内一雄 164-166

【ま行】
牧山耕平 22, 23
増田藤之助 25, 208
松本正雄 133
『幻の英語教材──英語教科書、その政治性と題材論』 205
満州 82
『満州開拓青年義勇隊訓練所用満州語会話書』 124
満州語 123, 124
満州国 104, 119-125, 128, 138-140
満州語講座 124
満州事変（柳条湖事件） 116, 119, 133, 135
満蒙開拓移民 119, 124
未開（Barbarous） 12, 121
未開人 17, 50
『ミッチェル新学校地理』 14, 20, 21
『ミッチェル地理書』 13, 19
ミッドウェー海戦 183
南の生命線 106, 107
峯村勝 205, 206
宮崎芳三 iii
民意 210
民族解放運動 101
無差別爆撃 101
無産政党 133
ムッソリーニ 148, 149, 152-155
明治以降外国語教育史料デジタル画像データベース 3
明治以降外国語教科書データベース 3, 107
明治天皇 71, 73, 75
明治天皇御製 75, 77
滅私奉公 146, 190, 209
蒙古人種 17, 19
元田作之進 39, 83
森巻吉 122, 123, 160, 161, 208
モルトケ 68
モンテーニュ 19

218

索　引

『文部省　新制中等学校教授要目取扱解説』　171

【や行】
八角三郎　165
『野生の思考』　29
野蛮（Savage）　12, 122
野蛮人　17, 18, 50, 109-111
山縣有朋　67, 68
山本五十六　180-183
山本寛一　138
Uボート　92-94
横地良吉　83
横浜専門学校　136
吉岡源一郎　75, 77, 113, 116, 167
『萬朝報』　54
世論工作　130

【ら・わ行】
蘭学　13
理蕃政策　51
領事裁判権　80
ルシタニア号　94, 95
レヴィ＝ストロース　29
労働争議　116
盧溝橋事件　140
ロシア社会民主労働党（ボルシェビキ）　101
ロジェストヴェンスキー　61
『ロビンソン・クルーソー』　28, 107-111
ロンドン海軍軍縮条約　128
ワシントン海軍軍縮条約　113, 128

【A〜Z】
Advancing Japan Readers　104, 105, 155, 156, 188
Advancing Nippon Readers　156
Asada's English Readers　107
Battle of the Japan Sea, The　55
Beginner's New Choice Composition　126, 127
Boy's National Readers　31
Colins, H. H.　126, 127
Culture Readers, The　85
Dainippon Business Readers　149
Deutsche Lesebücher　168
Drill-Books of English Composition: Advanced Step　125, 130
Easy Composition　89
Elder, C. G.　131
Emoto's Vivid English　136
English Composition for Secondary Schools　61, 87
First English Series II　202
Girl's English Readers（Lloyd, A.・元田作之進著）　39
Girl's English Readers（武田錦子著）　56
Girl's English Readers: Revised Edition（武田錦子著）　57
Girl's New Nation Readers　133
Inouye's New English Readers　60
International Readers, The　25, 28
Jewel Readers, The　109
Junior English　111
Kambe's English Readers　41, 42, 44, 48, 49
Kanda's English Readers, The　165, 166
Kanda's New English Readers　52, 68
King's Crown Readerss, The　102
King's English Composition: Fifth Year　113, 116, 167
Koa Kogyo Readers　135
Lee, F. H.　102
Lloyd, A.　39
Mitchell's New Primary Geography　11, 13-14, 21
Mitchell's New School Geography　14
Mombushō English Readers for Elementary Schools, The　71
Naval Battles of the Russo-Japanese War, The　55
New Century Choice Readers　47
New Daily Progress Readers　102
New Diamond Readers　75, 76, 93, 94, 101, 102, 110
New Empire Readers　88
New English Readers for Middle Schools　1
New Era School Composition, The　118, 132
New Graduated English Readers　68
New Herald Readers for Secondary Schools,

The 110
New Ideal Course 70
New Imperial Readers for Primary Schools 55, 56
New Japan Readers 141, 142
New King's Crown Readers, The 128, 129, 143, 153, 164-166
New Language Readers 73, 75, 76
New Light Readers 122, 123, 160, 161
New Monbushō English Readers for Elementary Schools, The 174
New Pacific Readers, The 70
New Prince English Course 111
New School Composition 68
New Star Readers 65, 94, 95
New Start Readers 79, 90
New Taisho Readers 83
Nippon 81, 155, 156, 160, 184
Nipponese 156, 157
Nogi: A Great Man Against A Background of War 70
Okada's Middle School English 114
Paramount English Composition 142, 146, 149
Phenix English Readers, The 98, 102
Pioneer English Readers for Girls, The 96
Popular Readings for the 4th Year Class, The 34
Present-day English Readers 120, 147-150, 153
Progressive Readers 112
Public Readers, The 93, 95
Queen's Crown Readers, The 115
Reminiscences of the Russo-Japanese War, The 55
Revised New Fountain Readers 75, 77
Royal Star Readers 25
Russo-Japan War, Land Battle of 1904-1905, The 55
Russo-Japan War, Naval Battle of 1904-1905, The 55
Short History of the World, A 81
Standard Commercial School Composition 163
Standard Commercial School Readers 136
Standard English Lessons 83
Study on English Composition, A 83
Swinton's Third Reader 110
Text-Book of English Composition, A 51
Up-To-Date English Composition 131
Victory Side Readers, The 81

〈著者紹介〉

江利川 春雄（えりかわ・はるお）

和歌山大学教育学部教授　博士（教育学）。専攻は英語教育学、日本英語教育史。大阪市立大学経済学部卒業（近代日本経済史専攻）、神戸大学大学院教育学研究科修了（英語教育専攻）。現在、日本英語教育史学会会長、神戸英語教育学会名誉会長など。
著作に、『学校英語教育は何のため？』（ひつじ書房、2014、共著）、『英語教育、迫り来る破綻』（ひつじ書房、2013、共著）、『受験英語と日本人――入試問題と参考書からみる英語学習史』（研究社、2011）、『英語教育のポリティクス――競争から協同へ』（三友社出版、2009）、『日本人は英語をどう学んできたか――英語教育の社会文化史』（研究社、2008）、『近代日本の英語科教育史――職業系諸学校による英語教育の大衆化過程』（東信堂、2006 ＊日本英学史学会　豊田實賞受賞）、『英語教科書の歴史的研究』（辞游社、2004、共編著）、「明治以降外国語教科書データベース（CD-ROM 版・インターネット版）」(2001・02 年度科研研究成果 ＊日本英学史学会奨励賞受賞）など。

英語教科書は〈戦争〉をどう教えてきたか

2015年7月30日　初版発行

著　者　　江利川　春雄

発行者　　関戸雅男

発行所　　株式会社 研究社
　　　　　〒102-8152 東京都千代田区富士見2-11-3
　　　　　電話　営業(03)3288-7777(代)　編集(03)3288-7711(代)
　　　　　振替　00150-9-26710
　　　　　http://www.kenkyusha.co.jp/

印刷所　　研究社印刷株式会社

装丁　　金子泰明

本文デザイン　　亀井昌彦

KENKYUSHA
〈検印省略〉

© Erikawa, Haruo 2015
ISBN 978-4-327-41091-9 C0082 Printed in Japan